【中東大混迷を解く】

シーア派とスンニ派

池内 恵

新潮選書

【中東大混迷を解く】シーア派とスンニ派　目次

第3章　それはイラン革命から始まった

第6章 「アラブの春」と「まだら状の秩序」

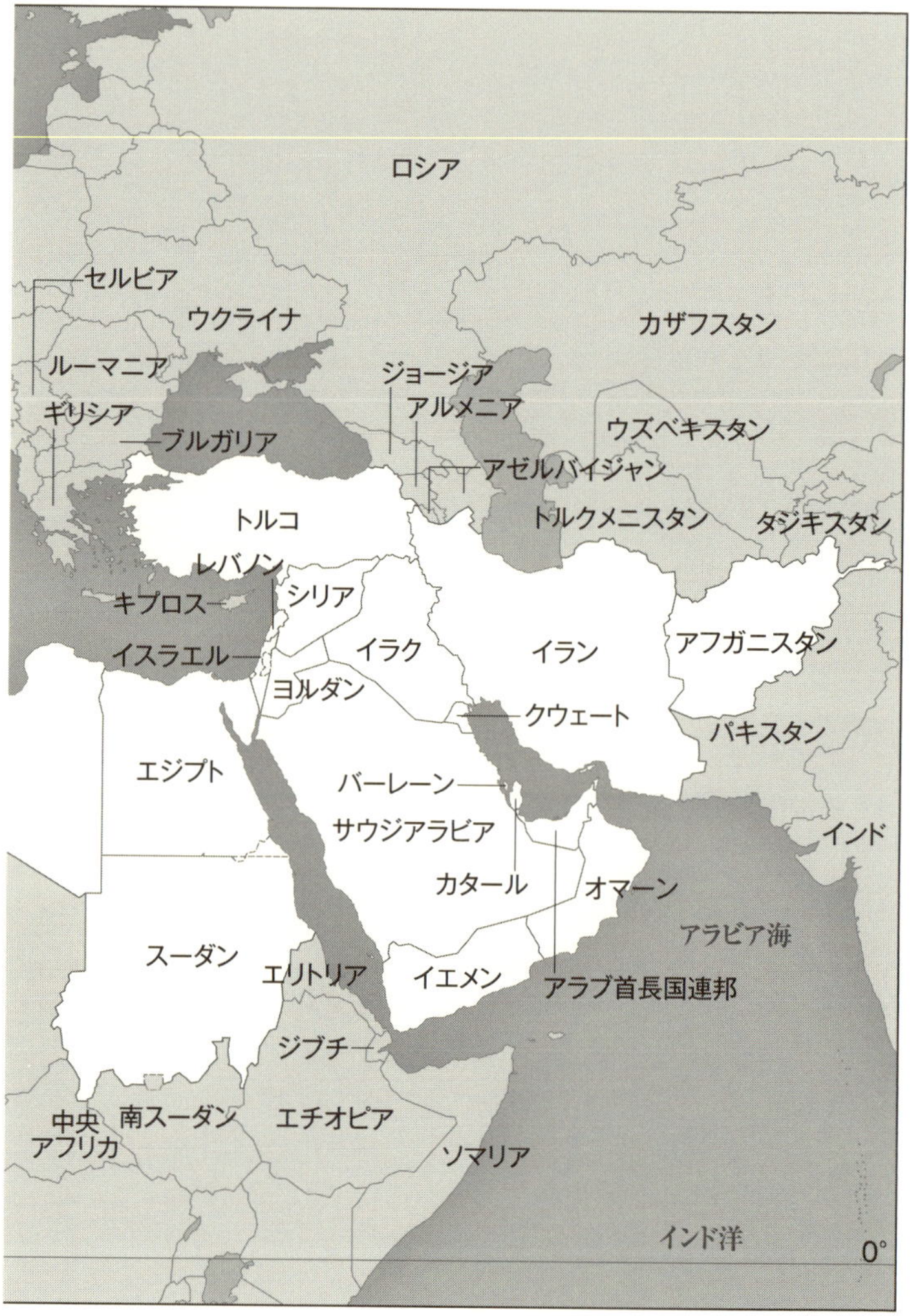
ロシア
セルビア
ウクライナ
カザフスタン
ルーマニア
ジョージア
ギリシア
アルメニア
ウズベキスタン
ブルガリア
アゼルバイジャン
トルコ
トルクメニスタン
タジキスタン
レバノン
シリア
キプロス
イラク
イラン
アフガニスタン
イスラエル
ヨルダン
クウェート
パキスタン
エジプト
バーレーン
サウジアラビア
インド
カタール
オマーン
アラビア海
スーダン
エリトリア
イエメン
アラブ首長国連邦
ジブチ
中央
アフリカ
南スーダン
エチオピア
ソマリア
インド洋
0°

現在の中東および周辺諸国

地図制作　アトリエ・プラン

参考文献・索引は、紙幅の都合により弊社ウェブサイト内にある本書のページ（http://www.shinchosha.co.jp/book/603825/）の「関連コンテンツ」欄に掲げました。

【中東大混迷を解く】シーア派とスンニ派

はじめに

「中東問題は、要するに、宗派対立なんでしょう？」

近頃、このように問いかけられることが多くなった。

「結局、シーア派とスンニ派の対立なんでしょう？」

確かに、そのように見えてもおかしくない。イラクやシリアの内戦や紛争の報道を見ていると、一つの国の中に、ほとんど民族が違うと言ってもいいような集団が複数存在している。複数の勢力を分ける違いは何か。これが「宗派」なのである、という解説がしばしばなされる。そう言われると、どことなく分かった気になる。

少し詳しく中東のニュースを見ている人は、イエメンの内戦についても何か見聞きしたことがあるかもしれない。そうするとそこでも、フーシー派という集団が勢力を増していて、中央政府を乗っ取ってしまったという話を聞くだろう。フーシー派とは一体何者か。これがどうやらシーア派らしい。どうやらシーア派が主体の国であるイランから支援を受けているようだ、といった話も、真偽は定かではないが、漏れ伝わってくる。ここにももしかすると宗派問題が絡んでいるのかもしれない、という印象を持つことになるだろう。あるいはペルシア湾岸のアラブ産油国でも、最近、反体制勢力が出てきているらしい。バーレーンやクウェートといった国々では、支配する王族はスンニ派だが、国民のうちかなりの割合がシーア派で、シーア派の間で反体制派の活動が盛んになっているようだ。サウジアラビアも、一割かそれ以上がシーア派らしい。報道が厳しく規制されているものの、一部では反体制活動も行われているらしい。それらの動きの背後にはイランがいる、とアラブ産油国の政権は非難する。そうするとここにも宗派対立が兆しているのだろうか。

中東は宗派対立の時代に突入したのか？　これがこの本で取り組む問いである。これはそう簡単には答えられない問いである。しかし中東の現在を見るためには、この問いから逃れることはできない。

現実に、中東は宗派対立の話で持ちきりである。各国の国内の紛争では、宗派による分断が、往々にして、最も重要な「敵・味方」を分ける基準になっている。しかも、同じ宗派の集団が、国を超えて結びつき、隣国の紛争で同じ宗派を支援する。こうして各国の内戦はなし崩しに地域紛争へと拡大していく。

地域大国も域外の超大国も、宗派のつながりを通じて同盟勢力を見つけ、育てていく。現在の中東をめぐる国際政治において、宗派は、一方で諸国を分断し互いに争わせる手がかりとなり、他方で国を超えて諸勢力を結びつける絆の、最も有力なものとなっている。なぜそうなってしまったのか。それを、段階を踏んで考えていこう。

この本では、極端な主張は採用していない。一方には人口に膾炙《かいしゃ》した俗説がある。「中東は何千年も前から宗派で分裂して、対立してきたのだ」といった議論である。「中東のあらゆる問題は、社会が宗派によって分裂していることに由来する。宗派が分裂している限り、紛争は必然であり、中東の社会が根本から近代化しなければ紛争は終わらない」などと断定してしまうことで、近年の中東の複雑な問題をひとくくりに理解し、説明してしまうやり方が、日本でも急速に一般に広がりつつある。これは中東の社会や文化にあまりなじみのない一般聴衆・読者にとって、心地いい議論なのだろう。日々の国際ニュースで伝わってくる、中東で生じていることは、あまりにも多様で多彩であり、理解の範囲を超えている。また一つ一つの事象は、日本の常識に照らして、不穏に過ぎるようにも思われる。想像の範囲を超える事象を前にすると、人間心理には、それを自分の理解できる範囲に合理化しようとする傾向があるようだ。そこに「宗派対立」という、万能の概念、いわばマジックワードが受け入れられる素地ができる。中東に生じているらしい、理解不能な、多様過ぎる諸事象の背後には、宗派の対立があるのだ、と論じてしまうことで、実のところさほど中東には興味がない多くの人々に心の平安を与える、そんな効果を「中東問題は要するに宗派対立なんですよ」と説明してみせる議論は、もたらしているのではないか。

しかしこれは、現実の各国の政治や歴史を見ていくと、あまり正確ではない。中東に起こる事象を、何もかも「これは宗派対立だ」と頭から断定することによって、いっそう現実の理解を遠ざけてしまっていることが、かなりある。

宗派が異なる集団が隣り合って生活している社会でも、それが常に紛争の種になってきたわけではない。その裏返しで、同じ宗派だからといって、常に政治的にまとまっているということでもない。そもそもシーア派の中にも複数の宗派があり、便宜的に、分類上「シーア派」と位置づけられているだけで、相互に関係が薄い宗派もある。シーア派の異なる分派の間は、そもそも地理的に遠く社会的・政治的なつながりが弱いだけでなく、宗教的なつながりも乏しい。

逆に、宗派が異なっている勢力同士であっても、共通の敵を見つけたり、連携することが有利であったり不可避であったりする政治制度の中にいると、たとえ罵《ののし》り合い憎み合いながらでも、協調することも多い。中東政治は宗派という宗教や文化の要因だけでは、到底読み解けない。

しかし他方で、「中東の紛争は宗派対立ではない」と言い切ってしまう議論にも（これは中東専門の研究者や、社会科学的な手法をとる政治学者・社会学者に多い議論だが）、根本的なところでどこか足りない部分がある。「中東の紛争は宗派対立ではありません」と、何らかの権威の下に言い切れば、それは中東の外で、あるいは外の世界とつながった中東の少数のエリート階層の間では、ひとまずは通用する。しかしそのような議論は、中東に生きている人々が、宗派ごとの宗教法の規範に従って、生まれ、育ち、生きており、宗派ごとの共同体に帰属しているという意識を持っている現実と、食い違ってしまう。これは「専門研究者の予測は外れる」という、正面から認めたくはないもののしばしば生じる問題に通じている。それは長期的には専門家の信頼性や価値や権威を損なうことになる。思い返せば、イラク戦争でサダム・フセイン政権が崩壊した時、その後に宗派間の対立が生じるのではないかという危険を指摘する、中東を必ずしも専門にはしない論者たちが、米国にはいた。しかし中東専門の研究者の多くは、この危険性を否定していたように記憶している。「イラクではアラブ民族主義やイラク国民主義が育っていて、宗派のつながりは薄まってきたのだ。イラク人が宗派間で対立する、という主張は、イラク人は、ひいてはアラブ人は、あるいはイスラーム教徒は遅れている、ととらえるオリエンタリズム・西洋中心主義の偏見だ」と反駁《はんばく》して見せれば、「専門的」な世界で「正しい」議論として通用した。しかし実際にはフセイン政権崩壊後、政治は一気に宗派単位のまとまりを軸にして行われるようになり、その結果、フセイン政権崩壊後に生じた宗派対立は、専門研究者の言説に従っている限りは、見通すことができなかった。

もちろん専門研究者の側には反論が用意されている。それは「宗派は真の問題ではない、政治が宗派を利用しているのだ」という議論である。これは「政治的に正しい」ように見えるし、狭い範囲では筋が通っているようにも見える。イラクに侵攻した米国が、あるいは過去の英国の植民地主義が、あるいは現在のイラクの腐敗した政治家が、宗派を利用して社会を分裂させているのだ、悪い政治家がいなければ宗派によって社会が分裂することはなく、対立も生じない、とする議論は、一貫しているように見える。しかしあまりにも人間の心理や社会の成り立ちを無視した一面的なものとなりかねず、むしろ通俗的な勧善懲悪論に近づいてさえいる。

問題なのは、なぜ中東では政治が宗派を利用することが、現実に有効になってしまうのだろうか、という本来の問いが、抜け落ちてしまうことだろう。実際に、宗派が人々の社会関係を規定している面がかなりある。であるがゆえに、それを用いて有効に政治的な動員を行うことができるのである。こうした「正しくない」行いを、中東の人々の多数が実践しており、政治家が用いると共に、人々がそれに従っているのであれば、それは中東の現実の一部ではないか。それはそれとして現実の分析の対象としていかなければならない。「宗派によってまとまり、争うことは、あなた方の本当のあり方ではありません」と外から説教をしたところで、中東の社会に実際に生きている人から言えば、余計なお世話ということになるだろう。人々はなぜ宗派でまとまろうとするのか。政治家が宗派のつながりを用いることで政治的な動員がしやすいのはなぜか。中東を理解しようとするのであれば、そうしたありのままの姿を対象にしていくしかない。中東専門家の「理論」も、そのような現実の認識を踏まえたものになっていかなければならないはずだ。

中東諸国で、宗派のつながりによってコミュニティが結束するという現実は、よほどの世俗化・政教分離が進まない限りは、今後も続くだろう。中東諸国の内政や地域国際政治を方向づける、内在的なメカニズムの中に、宗派を結束させて政治集団・党派を作り、異なる宗派の間の競合・対立を煽《あお》って人々を動かしていく「宗派主義」の政治が、少なくとも当面は、中東政治の不可分の一部として確立されていると見られる。宗派主義政治を批判する人は、中東の中にもそれなりにいる。しかしそのような人々が力を持ち得ない現実がある。そういった人たちもまた、自らが政治活動を行おうとすれば、やはり宗派主義から逃れられないことが多い。自らも宗派主義の政治を実践しながら他者の宗派主義を批判するダブル・スタンダードを、多くの人たちが抱え込んでいる。

宗派の相違が中東の紛争の「真の原因」なのかどうか、宗派を紛争の原因として認めていいのか、についての理論的あるいは倫理的な議論の行く末はともかく、中東の現実として、宗派主義による政治は、動かし難く存在している。それをどう見ていくのか。この本では次のような流れで問題を読み解いていこう。

まず第1章では、「中東の紛争の原因は宗派対立だ」という議論の成否を、改めて検討してみよう。概念や歴史を整理し、議論の混乱を解消することから始めたい。

第2章では、シーア派の思想と集団の成り立ちを、イスラーム世界の歴史を紐解きつつ考えてみる。第3章では、シーア派が近代の国際政治に登場するようになった発端の出来事である一九七九年のイラン革命を振り返る。第4章では、シーア派の近年の急激な台頭の端緒となった二〇〇三年のイラク戦争を見てみよう。第5章では、二〇〇五年から二〇〇六年にかけて急展開したレバノンの宗派間関係をたどってみる。そして第6章で、「アラブの春」後の中東の混乱の中でイランが地域大国として台頭し、シーア派の脅威を虚実ないまぜにした形で周辺諸国に広めていく、今現在の状況を描いてみよう。そこでは、サウジアラビアが、イランとの覇権競争を有利に導くために、シーア派とスンニ派の宗派対立をことさらに強調し、時には煽動していった経緯も取り上げる。

なお、この本では、「シーア派」と「スンニ派」という表記を用いる。シーア派の「シーア」とはアラビア語で「党派」を意味する。預言者ムハンマドのいとこで娘婿のアリーとその特定の子孫を信奉する、イスラーム教団国家の非主流派の「アリーの党派」が、「党派（シーア）」とだけ呼ばれるようになり、それを日本語で「シーア派」と呼び習わしている。これに対する主流派・多数派が「スンナ派」あるいは「スンニ派」である。「スンナ」とは「慣行」とそこに盛り込まれた「規範」を意味するアラビア語で、具体的には預言者ムハンマドの言葉や行いと、それを解釈してきた信者たちの主流派・多数派の合意も、そこに組み込まれている。この「スンナ（慣行）」に従うのが「スンナ派」あるいは「スンニ派」である。「スンニ派」なのか「スンナ派」なのか、どちらが正しいのか、などと問う必要はない。「スンナ」が名詞形なのに対して「スンニ」は形容詞形であるという違いでしかない。本書では日本でより広く用いられている「スンニ派」の表記で統一する。

第1章　中東問題は宗派対立なのか？

1　決まりきった問いかけ

「中東の問題の根源は宗派対立なんでしょう？」「シーア派とスンニ派の紛争についてぜひ話してください」。ちかごろ、このように問いかけられたり求められたりすることが多い。

例えば講演会や出張講義の、準備の打ち合わせの時。主催者側が、決まってこれらの問いや要請を投げかけてくる。私の方からは、講演の内容を、例えばこんな具合に伝える。まず植民地主義や民族主義の下での中東の国家の成り立ちの歴史についてお話ししましょうか。そして過去の半世紀に、各国で「権威主義体制」と呼ばれる独裁的で非民主的な政権が形作られていった経緯、それが今も持続する理由をお話ししましょう。次に政権に対抗するイスラーム主義の理念や理論と、運動・組織の様々な形について。その上で二〇一一年の「アラブの春」による動揺と、政権の対応、その後の混乱、云々。

こういった要素を挙げていくうちに、担当者が徐々に怪訝《けげん》な顔になる。多くはおずおずと（あるいは時に大胆に）申し出て来る。「シーア派とスンニ派の宗派対立の問題は、ぜひ取り上げて欲しいんですけどね」。講演が終わった後もなお「シーア派とスンニ派の問題も取り上げて欲しかったのですが、それは次の機会に」などと穏便に不満を表明する方もおられる。

それほどまでに、中東の問題は「宗派対立」だ、それはシーア派とスンニ派の間の、イスラーム教が成立した初期の時代以来続いている対立の延長なのだ、という議論は、少し頑張って中東について理解しようとし始めた人たちの間に、広まっている。「シーア派とスンニ派の宗派対立」が、中東の政治と国際関係の複雑さを単純化して説明するための、魔法の一節のようになっている。中東の複雑さを全て捨象して一言で説明した気になるための、いわばマジックワード（あるいは「マジックフレーズ」）である。

日本からは遠い中東の地の多様な国情と複雑な国際関係を単純化して議論するためのマジックワードは、過去にいくつも流通してきた。かなり長い期間、支配的であったのが、「中東問題はパレスチナ問題である」というものだ。パレスチナに欧米の帝国主義の後押しでイスラエルが建国されたから、アラブの民衆が憤って、テロも戦争も起こるのだ、エジプトだろうがイラクだろうが、アラブ諸国や中東の国家や社会や国際関係がうまく行っていないように見えるのは、「結局はパレスチナ問題が原因だ」と断言することで、分かったような気になる。少し倫理的に良いことをしたような気になる、という効用さえある。

「中東の混乱の根源はサイクス＝ピコ協定だ」という決まり文句も、かなり流通している。これも一種のマジックワードだろう。映画『アラビアのロレンス』に胸を躍らせた世代は特にこれを言いがちだ。その後の世代においても、世界史の教科書に載っている中東近代史の記述が少ないこともあり、欧米列強による「サイクス＝ピコ協定」が中東の戦乱をもたらした、といった単純化された勧善懲悪論が、受験対策のためにはちょうどいいということもあり、人口に膾炙している。英仏の植民地主義による中東の国境の誤った線引きが、現在の中東紛争を生み出したのである、責任は英国の二枚舌、いや三枚舌外交にあるのである！と唱えると、何だか分かったような気になり、現代世界の背後にある巨悪の存在を解明したような気にもなれる。これについては新潮選書で私が「中東ブックレット」と呼んでいるこのシリーズの前作『サイクス＝ピコ協定 百年の呪縛』で扱って、もう少し深く考えてみることを提案した。

シリーズの第二弾となる今回は、今現在の、中東に関して最もよく流通しているマジックワードと言える「宗派対立」に取り組んでみよう。それはどの程度まで正しいのか。この論法でいくとどのあたりから正確さを欠くことになるのか。そもそも宗派対立とは何か。それはなぜどのようにして起こるのか。中東問題のどの部分が宗派によるもので、どの部分はそうでないのか。

2　中東現代政治の「宗派対立」

改めて問いかけてみよう。中東の紛争は、宗派対立なのだろうか？　この問いに答えるために、まず、近年の「宗派対立」と見られる事象の展開を振り返ってみよう。「中東問題は宗派対立だ」という印象が広まったのは、いつの頃からだったろうか。

日本の一般市民が、「宗派対立」という単語、あるいは概念に触れるようになったきっかけは、二〇〇三年のイラク戦争だろう。同年三月に始まったイラク戦争では、米国がフセイン政権を早期に崩壊させた。四月九日には米軍はバグダードを占領、五月一日にブッシュ大統領は演説で大規模戦闘の終結を宣言した。しかしその後、ゲリラ戦やテロ攻撃が、米軍や、米国に支持されたイラクの新政府・政権の施設と人員に、あるいはイラク再建プロセスに関与する国連の施設と人員に、向けられていく。狭義の「イラク戦争」は終わったものの、その後もイラクで紛争や衝突が続いていった。構図はイラクvs.米国という分かりやすいものではなく、イラクの社会の中の対立する三つの勢力、すなわちシーア派とスンニ派、それにクルド人勢力が競合して、合従連衡しながら対立と衝突を繰り返し、それらの諸勢力と米軍が、複雑に関わるようになった。

読者の多くは、イラク戦争後のイラクの混乱・紛争を伝えるテレビのニュース番組で、イラクを南部の「シーア派」、中部・西部の「スンニ派」、北部の「クルド人」の三つに塗り分けた地図を、頻繁に目にしたことだろう。そこから、イラクで起こっている紛争とはシーア派とスンニ派の宗派対立である、という受け止め方が広まった。

この受け止め方は決して間違っていない。米国がイラク戦争でフセイン政権を放逐し、米軍の占領下で民主化が進められたところ、台頭したのは、それまで権力から疎外されていたシーア派だった。

中東の現地でも同様の見方は広まっていた。二〇〇三年四月に発足した連合国暫定統治機構（CPA＝Coalition Provisional Authority）の下で同年七月に任命されたイラク統治評議会は、二十五名のうち過半数の十三名がシーア派アラブ人で、これに非アラブ人のクルド人五名も加わった。それまでのイラクの歴代政権で支配的な地位を占めていたスンニ派アラブ人は、少数民族として抑圧されていたクルド人と同数の五名の代表者しか出せなかった。二〇〇五年一月に行われたフセイン政権崩壊後の最初の国民議会選挙では、シーア派政党のダアワ党が主導するシーア派連合の統一イラク同盟が勝利し、移行政府の首相にダアワ党代表のイブラーヒーム・ジャアファリーが就任した。憲法制定と新たな選挙を経た二〇〇六年五月の正式政府発足でもダアワ党が主導権を握り、その後現在に至るまで、イラクの行政権限を掌握する首相ポストをダアワ党の幹部が占めてきた。

逆に、新体制設立プロセスの中でスンニ派は排除され、疎外感を深めていった。フセイン政権の中核をなしたバアス党関係者は、米軍の占領統治で広範囲の追放処分の対象となり、イラク軍は解体された。バアス党や旧軍関係者が新体制や米軍に対する反体制ゲリラ活動の主体となり、その結果、反体制派の多くをスンニ派が占めることになった。スンニ派が多数であるイラク西部や北西部に、武装集団が結成されていった。そこに、アル＝カーイダ系の勢力も台頭していく。ヨルダン出身のアブー・ムスアブ・ザルカーウィーが主導したイラクのアル＝カーイダは、反シーア派宣伝を強め、イラクのスンニ派の多い地域で支持を得ていく。これにシリアやヨルダンやサウジアラビアなどスンニ派が多数を占める周辺諸国からも、ジハード戦士をもって任じた義勇兵が加わった。周辺アラブ諸国の政府も、支援や戦闘員の越境を半ば黙認した。その背景には、イラクでシーア派主導の政権が成立したことへの不快感や、背後にイランの姿が見え隠れすることへの不安感があった。

二〇〇三年から二〇〇六年にかけて、フセイン政権後のイラクに新体制を設立していく過程で、宗派対立は、イラクの内政の主要課題となると共に、周辺諸国を含む中東国際政治の主要な対立軸として浮上した。

3 レバノン——宗派対立の「元祖」

また、これと並行した時期と、その少し後に、レバノンでも宗派対立が激化していた。もっと正確に言えば、レバノンの政治を特徴づける、宗派間のバランスによって成り立つ体制に揺らぎが生じ、勢力関係に大きな変化が生じていた。これについては、日本の一般読者・視聴者の目にはほとんど届いていなかったかもしれない。レバノンでは、二〇〇五年から二〇〇六年にかけて、政治体制に大きな変化が進んでいった。米国がイラクでフセイン政権を短期間で崩壊させ、兎にも角にも民主化プロセスを推進して、選挙で選ばれた新政権と新体制を成立させたことは、アラブ世界に波紋を及ぼした。この波紋は、レバノンでは、フセイン政権と同様にバアス党のアラブ民族主義を掲げて強権的な独裁体制を敷くシリア・アサド政権によるレバノン進駐への反対運動、シリアの支配下で勢力を伸ばすシーア派政治・軍事組織のヒズブッラー（日本の報道では「ヒズボラ」と表記されることが多い）への逆風という形で、まずは表面化した。二〇〇五年二月十四日に、親西欧派で、サウジアラビアに支援された、スンニ派の最有力政治家ラフィーク・ハリーリー元首相が、首都ベイルートの海岸大通りで何者かによって爆殺されたことを契機に、シリアのレバノン進駐に反対する大規模な抗議行動が組織され、シリア軍を撤退に追い込んでいく。イランとシリアの支援によって台頭したヒズブッラーにとって、これは大打撃だった。しかしヒズブッラーはここから巻き返していく。ヒズブッラーは自らも大規模な抗議行動を組織して対抗し、国政を膠着状態に追い込んでいった。

レバノン政治は、この本のテーマとなる宗派対立の元祖・家元とも言えるような存在である。中東の政治や紛争と「宗派」との関わりを理解するために、レバノン政治を見ておくことは欠かせない。レバノンは、中東の宗教と政治の関係が集約されている場所と言っていい。レバノンの国家の構成そのものが、宗派による社会の分裂を前提としており、宗派単位で議員が選出され国民が代表される制度が導入されている。宗派ごとに権力や権益が配分され、宗派間のバランスによって平和と安定が保たれる「宗派主義の政治」が、国家の成立の当初より制度化されてきた。

二〇〇五年から二〇〇六年にかけて、このレバノンの宗派主義の政治が目まぐるしく展開し、バランスが崩れた。決定的だったのは、「二〇〇六年レバノン戦争」あるいは「イスラエル・ヒズブッラー戦争」である。二〇〇六年七月から八月にかけて、ヒズブッラーがイスラエル軍から激しい空爆を受け、多大な損害を蒙りながらも、凌ぎ切った。これにより、レバノン政治の中でシーア派のヒズブッラーが優位に立つと共に、アラブ世界全体での威信も高めた。イラクでのシーア派主導の政権の誕生に続き、レバノン政治でも、シーア派が主導権を握った、あるいは少なくとも決定的な拒否権を握ったことが、明瞭に示された。

レバノンの内政や内戦が、国内で完結することはない。レバノンを歴史的に自国の領土とみなす隣国シリアや、シーア派勢力を支援するイラン、スンニ派勢力を支援するサウジアラビアが、国際法上は独立した主権国家であるレバノンの内政に、当然のように関与し介入する。そのことをレバノンの諸勢力も当然と考えており、むしろ積極的に外部の支援者・支援勢力を呼び込む。レバノン国内に、権利を奪われたまま居住するパレスチナ難民もまた、外部と必然的につながった内政の一要因である。パレスチナ問題は、現在は中東の紛争の主な要因とは言えないものの、アラブ世界で、あるいは中東・イスラーム世界全体で象徴的な関心を惹く問題であり、ここに関与することで、様々な勢力が存在感を示そうとする。かつてはリビアなどが、最近はカタールなどが、支援の手を差し伸べてかき乱す。レバノンはまた、西欧諸国や米国やロシアなどが中東に関与する際の入り口となる場所でもあった。特にフランスは、旧宗主国として、またカソリックが多数を占める国としてレバノンに深く関与し続けている。フランスは、カソリックの傘下にある中東固有のキリスト教マロン派（レバノンの人口の約二一％を占める）と、経済的・文化的結びつきを依然として深く持っている。旧宗主国でカソリックを支援するフランスを背後にしたキリスト教マロン派が建国以来特別な地位を占め、サウジアラビアに支援されたスンニ派がマロン派と共に主導していたレバノン政治の既存の体制を、イランやシリアによって支援されたヒズブッラーが台頭して脅かした。それによって、中東にはいっそう「宗派対立」の雰囲気が立ち込めていくことになる。

イラク戦争とその後の内戦、レバノンでの二〇〇五年から二〇〇六年にかけての転変と、二〇〇八年までにヒズブッラーが示した台頭については、この本の第4章、第5章で改めて詳細に考えてみよう。なお、この時期のイラクやレバノンについては、新潮社の『フォーサイト』（当時は月刊誌だった）で始めたばかりだった連載「中東 危機の震源を読む」で、何度も取り上げていた。この連載は新潮選書『中東 危機の震源を読む』として二〇〇九年に刊行したので、手にとって読んでいただくと、年代記のようにして、当時の事態の進展を追体験していただけるかもしれない。

4 「アラブの春」と宗派対立

そして二〇一一年の「アラブの春」が、アラブ世界の各地に宗派間の対立を解き放った。「アラブの春」勃発の当初に期待された民主化の試みは、次々に脱線した。政権が揺らいだ、あるいはそもそも不在となった国々で、様々な「非国家主体」が台頭した。その中で、特に「宗派」による結びつきは、しばしば最も有効で、国内の分裂と、国境を超えた結びつきの、両方を引き起こして、内戦と地域紛争の核となった。シリアが最も顕著な例だろう。シリアのアサド政権と反体制派の紛争は、次第に、反体制派の軍事闘争の中心となっていったスンニ派のイスラーム主義勢力と、政権の中枢を掌握したシーア派系のアラウィー派との対立として認識されるようになった。シリアの紛争は、沈静化しかけたイラクの紛争をも再燃させた。二〇一四年にシリアとイラクの国境を横断して広範な領域支配の地域を獲得した「イスラーム国」は、イラクのアル＝カーイダの流れを汲み、シーア派を背教者・異端と断じて処刑することを正当化した。イランやヒズブッラーによるイラクとシリアへの介入は、スンニ派の「イスラーム国」によるシーア派迫害への対抗という様相を強めていった。

ペルシア湾岸の産油国でも、反体制運動と統治権力との紛争は宗派対立に転化し、その背後にいるとされるイランとの国際紛争として拡大していった。二〇一一年のバーレーンや、その後のサウジアラビア東部州でくすぶる反体制運動は、シーア派の宗派主義運動としての様相を帯びていった。サウジアラビアはそこにイランの介入や支援の影を見て取って非難する。イエメンの内戦でも、シーア派の政治指導者の下に集うフーシー派の運動を、イランが支援し焚《た》きつけているものとサウジアラビアはみなす。二〇一四年から二〇一五年にかけてのフーシー派の台頭と首都サヌアの制圧、全土の主要部分の制圧に対して、サウジアラビアはアラブ首長国連邦（ＵＡＥ）などと共に、二〇一五年三月に大規模な軍事介入に踏み切った。

「アラブの春」以後、「宗派対立」と見られる現象は、増加し、国際化の傾向を強めている。イランは、イラクのシーア派主導の政権を影響下に置き、シリアのアサド政権を支援して崩壊を防いだ。これによって、イラクからシリアにかけてイランの影響力の及ぶ範囲が広がった。イランが一九八〇年代から支援してきたヒズブッラーがレバノン内政で主導権を握り、シリアやイラクへの介入でもイランと協力する部隊を提供する。これによってイランは、インド洋・ペルシア湾に面した国でありながら、イラク・シリア・レバノンを跨《また が》って地中海に回廊、あるいは陸の橋を渡したような具合になっている。これはペルシア湾を挟んでイランに対峙するサウジアラビアにとって大きな脅威である。サウジは隣国ＵＡＥと結束を固め、エジプトやスーダンやパキスタンなど、スンニ派が主流の人口大国を糾合し、スンニ派の軍事同盟を結成してイランの台頭への対抗を試みる。中東地域の国際政治全体が、シーア派とスンニ派の「宗派対立」を軸として展開していくようになった。

5　宗派の相違は「原因」か「結果」か

これまでのところ、中東の最近の様々な紛争を「宗派対立」として描くことは、間違っていないように見える。確かに、それは一面において、間違ってはいない。現実に、中東では、イラク戦争の後から、そして「アラブの春」の後から、宗派の紐帯による結束の強まりが見られ、宗派間の対立を重要な要素とする紛争が各地で生じてしまっている。「宗派対立」が、あるいはより広く「宗派主義による政治」が、少なくとも「現象」として、中東の各地で生じてしまっていることを、否定するのは難しそうだ。

現象として「宗派対立」とみなされる紛争は、中東に実際に存在する。まずこれを認めよう。しかし同時に、そこから「宗派の相違」が中東の紛争の「原因」である、と考えてしまうことを、避けなくてはならない。宗派対立はしばしば何か別の要因による「結果」であり、必ずしも中東の様々な紛争の「原因」とは言えない。「宗派対立」と呼ばれる現象を特定することと、異なる宗派が複数存在することが紛争の原因であると論じることは別である。中東の社会を構成する要素として宗派のつながりによって成り立つコミュニティがあり、宗派の間の対立が現象として存在するという事実を認識することで、中東理解は一歩進む。しかしそこから、宗派の相違こそが中東の紛争の原因であると短絡的に論理を展開させることで、再び事象は見えにくくなってしまう。

まず、「宗派対立」とはそもそも何を意味するのか。しばしば生じる誤解は、これをイスラーム教の異なる「宗派」すなわち異なる「教義」をめぐる対立である、と理解してしまうことだ。なるほど、中東の宗教と政治社会の関係の事情に通じていなければ、「宗派」の「対立」とはすなわち各宗派の「教義」の間の対立に違いない、と考えてしまうのは、当然のことかもしれない。しかしこれは正しくない。

確かに言えることは、中東で今起こっている「宗派対立」と呼ばれる紛争は、「教義」をめぐる争いではないということだ。実際には、紛争は、宗派によって結合し結束を固めるコミュニティと別のコミュニティの間に、生じている。相手の教義を間違っていると論難して変えさせたり、自分の方が正しいと認めさせたりするために争いが起こっているのではない。そうではなく、宗派として社会的・政治的に結合した集団同士が、主導権や権限や権益を巡って、争っているのである。

誤解の一部は日本の宗教認識にも関わっているのだろう。日本では宗教の宗派がそれぞれ政治アイデンティティの核になり、コミュニティを形成しているということが理解されにくい。その根本には、宗教・宗派はそれぞれ固有の法を持っているという点が、日本の宗教観と隔絶していることがあるのだろう。そのため、中東ではそれぞれの宗教・宗派の法に従って社会生活を営む宗派コミュニティが、政治や社会の集団形成・動員の核になるという事実が、飲み込みにくい。そのため「宗派」という言葉を社会・政治的なコミュニティではなく、「教義」として誤って受け止めてしまう。そこから、理解が脱線していく。「教義」としての「宗派」の相違が対立の原因だと考えてしまうと、異なる教義が対立をもたらしているのだから、異なる宗派はその教義そのものか、教義の解釈を変えればいい、といった、現実から乖離した議論になりやすい。そして逆に、もし教義を変えない、変えられないのであれば、教義の相違から発生した対立は、何千年たっても終わらない、と諦めてしまいがちでもある。

実際には「宗派コミュニティ」としての「宗派」間の対立が生じているのであり、対立の争点は多くの場合は政治的・戦略的なものであったり、経済的なものであったりする。「教義」という意味での宗教的なものではないのである。であるから、政治経済あるいは戦略的環境の変化によって、「宗派対立」の敵味方はしばしば組み替えられ、連合も組み替えられる。つまり通常の党派間の紛争とさほど変わらない面がある。

確かにイランは、中東各地のシーア派の政治勢力を支援し、手懐《てなず》けることに成功している。ここではシーア派の宗教的なつながりや親近性は有効な手段だろう。しかしそれは教義の近さを必ずしも意味しない。例えばシリアのアサド政権の中枢はアラウィー派が多くを占める。アラウィー派は便宜的にシーア派の一派ということに認定されてはいるものの、イランで支配的な十二イマーム派（シーア派の中の最大の宗派）とは、教義や制度はかけ離れている。キリスト教やその他の宗教と混淆《こんこう》したアラウィー派を、形式上、かろうじてイスラーム教の一部と認めるために、政治判断でシーア派と認めるようになったという様相が色濃い（アラウィー派を便宜的にシーア派と認定する理由の一つは、シリアのスンニ派のイスラーム教徒にとって、あからさまに異教徒による支配に服すということが認めがたいためであり、いわばスンニ派との妥協策として、少なくとも異教徒ではないシーア派の一部を称している）。イランではイスラーム革命以後、女性はヒジャーブによって髪を隠すことを求められるようになったが、対照的に、シリアで権力を握ったアラウィー派の女性は、ヒジャーブを被らないなど、イスラーム教の諸宗派の中で最も世俗的な生活をしている。アラウィー派はイスラーム教の外形的な規範を最も緩く解釈し、西洋近代の世俗的な生活様式に馴染みやすいところがある。このことは、多数派のスンニ派からは異端扱いを受けて、地方の山奥に隠れ住んでいたアラウィー派信徒が、フランスの植民地主義の支配下において、宗主国との関係を深めるのに役立った。シリアで宗主国フランスと結びついて権力に近づいたアラウィー派は、教義の上では大きく異なる十二イマーム派のイランと、政治・戦略的な利益で結びついているのである。

また、スンニ派だからといって結束するとも全く言えない。例えばペルシア湾岸の、スンニ派が支配的な国々の協議体である湾岸協力会議（ＧＣＣ）の中でさえも、サウジアラビアやＵＡＥと、カタールとの間で、激しい争いが繰り広げられているほどである。非アラブだがスンニ派が多数を占めるトルコは、カタールと関係を深めるとともに、イランとも友好関係を保ち、サウジ主導のスンニ派の連合とは一定の距離を置いており、このことにサウジの苛立ちも近年募っているようである。

このように、教義は紛争の原因とは言えず、シーア派とスンニ派で国際的な陣営が画然と分けられているわけでもない。中東の国際政治は、「シーア派対スンニ派」と割り切って見ることができるほど単純ではない。

むしろ、現在の中東国際政治は、サウジアラビアとイランの間の、ペルシア湾を挟んだ地域大国同士の覇権競争を軸としている。サウジとイランは、それぞれの政治的・戦略的な思惑から、中東の様々な国や勢力に介入し、配下に置き、同盟する。それによってそれぞれが自陣営・連合を形成していく。陣営が形成された後で、あるいは陣営を形成しようとする過程で、宗派のつながりが強調され、利用されるのである。サウジアラビアは「イランによるシーア派への影響力行使を通じた介入」をことあるごとに非難する。同時にサウジは、エジプトやスーダンやパキスタンなど、中東や南アジアのスンニ派が主体となる諸国に働きかけ、政治・軍事同盟へと誘う。イランの主導するシーア派の宗派主義に反対しつつ、自らはスンニ派の宗派単位での結束やブロックの形成を試みているのである。しかし同じスンニ派でも、ムスリム同胞団とは激しく敵対する。そしてムスリム同胞団への支援を行なっている、同じスンニ派のカタールのことは、全力で排除しようとする。サウジはムスリム同胞団と関係の深いトルコのエルドアン政権とも、対立を強めている。

6 「宗派対立」概念への批判

現在の中東に広がる「宗派対立」という現象を、どう見ていけばいいのか。英語圏では、専門家の間でかなり議論が深まってきている。ここでほんの少し、最近の研究書を紐解いて、考える手がかりを探してみよう。中東の「宗派対立」現象はどこまで広がっているのか。分析するための概念はどのようなものか。専門家ではない読者にとって分かりやすいように、かなり嚙み砕いて、要点をかいつまんでお伝えすることにしよう。

英語圏の書籍出版の状況を見ていると、何か顕著な現象が起きた時の「初動」だけであれば、日本の方がかなり早いことが多い。つまり、戦争とか革命といった大変動が起きた時に、日本では最短で三カ月もすれば、その問題に関する専門家（あるいは専門家を称する人）たちを焚きつけて、どうにかこうにか、分析したり、解説したり、背景を説明したりする本が市場に出てくる。もちろんそれらは玉石混淆である。その対象を以前から見ていた著者が、ちょうどその問題について論文を書いていたりする場合、それを元にした本を出せば、それなりの水準になることがある。しかし自薦・自称の「専門家」による急ごしらえの本は、多くの場合は、長くはもたない、ほんの数カ月で賞味期限が切れてしまう程度の深みと正確さのものとなる。

それに対して、英語圏では、専門家の本はそう簡単には出ない。ある問題について、行き届いた専門書が出るには、通常は、ほぼ十年はかかるものである。つまり、例えば一九八九年に冷戦構造が崩壊するという予想外の大事件が生じた。これを受けて、なぜこの年に冷戦が崩壊したのか、そこから翻って冷戦という事象は何だったのか、という課題について、英語圏で専門的な本が出てくるのは、一九九〇年代も末になってから、あるいは二〇〇〇年を過ぎてからが本番、ということになる。当然、専門的な本が出る頃には、冷戦崩壊という事象はとっくに過去のものとなっており、人々の一般的な関心は薄れてしまっている。しかし、世間の関心の浮き沈みとはほとんど無関係に、大学世界の内部で営々と研究が積み重ねられ、毎年の学会で議論され、部分的に論文として発表され、学術出版社でまずは著者と出版契約が結ばれ、原稿が出てから別の専門家の目に触れさせて、幾度もの改稿を経て、ようやく完成し、市場に出る。そこまでの時間と手順を経て世に出た本は、そう簡単に古くならない。英語圏の学術書の信頼性は、そこまで時間をかけることのできる制度が整っており、それを許容する社会があるからである。学術書が、世間・読者の「消費者」としての関心という、いわば「需要」にはあまり左右されず、書き手とその背後にある大学を中心とした学術共同体の「供給」の論理にもっぱら従って生産されているから、とも言うことができよう。ただしこれには当然弊害もある。既に述べたように、専門的・学術的な本が出た時には、対象となる事件や事象は遠い昔となっており、今まさに人々が関心を持っている問題には、即座に専門的な書物が提供されないことがある。

　日本のように、商業出版社が学術的な出版の一部分をかなり積極的に担い、しばしば編集者が読者の需要を察知して、それを専門家に依頼し、いわば「需要」に引っ張られて多くの学術的な著作が刊行される、というのは、諸外国を見渡してもそれほど多くの類例を見ない。それによって、何か大きな事件が起きた時に、「初動」はかなり早い。編集者が注目の分野に目配りを利かせて、専門家にあらかじめ原稿を依頼していた時などは、世界的に見ても早期に、高水準の専門的著作が世に出ることがある。当然これにも弊害はあり、専門家が世間の関心に合わせて急いで著作を書き上げなければならず、話題になると繰返し同じようなテーマで本を書き続けなければならないため、一冊一冊の水準が十分に高くならず、深みも足りないものとなりかねない。

このように、少し脱線して、英語圏の学術的・専門的な著作の出版を、日本の場合と対比させてきたのだが、この英語圏の学術出版にも、近年に変化が見られる。英語圏の学術書・専門書でも、やや日本型に近い、即応性の高いタイプの本が出るようになっているのである。ここには色々な事情があるのだろう。いずこも同じ、学者が「業績」で競争をして資金やポストを獲得しなければならなくなっており、よほど安定した地位についている人以外は、一つのテーマに十年もかけてはいられないようだ。また出版社も、「売れる」テーマは早く出したい。中東の政治変動や紛争というテーマは、欧米の専門的な分野の中で最も「売れる」ものの一つだろう。「需要」の高い分野に学者が競って急いで本を書くという、どこか日本の出版事情にも似た光景が、英語圏でも見られるようになっている。そのようにして出版される、通常よりは少し短い期間で出るようになった英語圏の専門書は、かつてのような重みや深みは薄れたかもしれないが、現在の現地の情勢により即応した内容であったり、新しい分析概念が早期に提示されていたりする。やはり目を通すに値するものが多い。

さて、「宗派対立」に関して、英語圏ではどのような学術書・専門書が出版されてきたのだろうか。この機会に幅広く集めて、その中から主要なものを選んで、刊行順に並べてみた。そうすると、学説史の展開は、大まかに、中東現地の情勢の展開と対応していることが分かる。それは米国や英国が政治的にも軍事的にも中東と深く関わり、切実に現地の最新の動向を把握する必要性を感じているからでもあるのだろう。

英語圏での、中東の「宗派対立」について専門的な議論の先鞭をつけた著作は、二〇〇六年に出たヴァリー・ナスル『シーア派の復活』だろう。この本が先駆的に、そして例外的に早く、中東におけるシーア派の台頭と宗派対立の問題を描き得たのは、著者が政策志向の論者で、中東から南アジアに及ぶ範囲について、米国の戦略に関わる大きな見取り図を出すという論旨だったからだろう。シーア派の台頭をめぐる同様の横断的な著作として、二〇〇八年には、ニコラス・ペルハム『新しいムスリムの秩序――シーア派と中東の宗派危機』も出ている。

イラクやレバノンなど各国についての専門家による、個別の事情を掘り下げた研究が出てくるまでは、もう少し時間が経っている。二〇〇三年から二〇〇六年ごろのイラクについてはファナル・ハッダードの『イラクの宗派主義――統一への対立するヴィジョン』

（二〇一一年）が、二〇〇六年から二〇〇八年ごろのレバノンについてはバースィル・サッルーフらの『内戦後のレバノンの宗派主義の政治』（二〇一五年）が出ているように、各国の宗派問題が激化したり新たな展開を遂げてから、それを織り込んだ著作が出るまでには、八年程度はやはりかかるようである。

しかし二〇一一年の「アラブの春」が宗派対立を頻発させると、これに関する研究は以前よりも短い期間でまとめられるようになっている。著名な中東ジャーナリストのジュネイヴ・アブドは『新しい宗派主義――アラブの反乱とシーア派・スンニ派の分裂の再生』（二〇一七年）を著して、一般にこの問題を広めた。

宗派主義・宗派対立がイラクにとどまらず、GCC諸国を含むペルシア湾岸地域全体で問題化したことにより、このテーマの研究は活発になっている。「アラブの春」後に、体制派と反体制派の対立が、新たに宗派主義的なものへと転じていった、あるいは意図的に転じさせられた傾向が、GCC諸国では特に顕著だからである。二〇一三年にトービー・マシーセンは速報的な素描の『宗派主義的な湾岸――バーレーン、サウジアラビア、そして来なかったアラブの春』を著しており、二〇一五年には『もう一つのサウジ人――シーア派、反体制、宗派主義』を発表し、バーレーンやサウジアラビアのシーア派の反体制運動を取り上げた。同様にローレンス・ポッター編『ペルシア湾の宗派主義の政治』（二〇一三年）も「宗派主義の政治（sectarian politics）」を湾岸政治の新たな主要課題として取り上げている。

フレデリック・ウィーリーは『湾岸の宗派主義の政治――イラク戦争からアラブの反乱まで』（二〇一三年）でこれをイラクを含むペルシア湾岸全体に拡大する。さらに最近になると、ペルシア湾岸を中心に、「肥沃な三日月地帯」から地中海岸に至る地域、すなわちレバノンやシリアも対象に含めた、宗派主義の政治の勃興、宗派対立の事象が、多くの共同研究によって比較対照され、共通性や相違が明らかにされつつある。

つい最近に出た二冊の本をここで取り上げよう。ナーディル・ハーシミー／ダニー・ポステル編『宗派主義化――中東の新しい政治の布置』（二〇一七年）は、「宗派主義化（sectarianization）」という概念を提案する。宗派対立は、不変の宗派の存在によって発生するのではなく、政治的に「宗派主義化」されることによって現れる、というのである。この本の主要な理論的知見は、レバノンの宗派主義を研究するバースィル・サッルーフによる「中東の地政学の宗派主義化」という論文で示される。これによると、近年の中東では、地政学的な目的から、諸勢力が宗派の分裂を利用して対立軸としていく「地政学的対立の宗派主義化」が生じているという。

宗派対立が地政学的な目的・関心から、人為的に促進されているという議論は、フレデリック・ウィーリー編『スンニ派とシーア派を超えて――変化する中東における宗派主義の根源』（二〇一七年）にも共通している。

この本では、英国が長年にわたって対処に苦しんだ北アイルランド紛争を専門としてきたポール・ディクソンが、民族紛争に関する分析概念についての考察を応用して、宗派対立を見る時の異なる見方を、次の四つに集約させて論じている。これは中東の宗派対立を議論する際に用いる分析概念を選ぶ際に参考になるだろう。ディクソンによれば、宗派対立を論じる見方には主に次の四つがある。

（1）原初論（Primordialism）
（2）エスノ・ナショナリズム論（Ethnonationalism）
（3）道具論（Instrumentalism）
（4）構成主義とリアリズムの折衷（Constructivist Realism）

ここでいう「原初論」とは、宗派対立は人間の本性に埋め込まれた不可避のものである、といった議論である。これとやや異なるが近いのは「エスノ・ナショナリズム論」で、宗派を含む文化的な帰属意識の起源は歴史を深く遡るもので、時代を超えて不変であり、近代においても必然的にそれは蘇ってくると考える。これに対して、「道具論」は、宗派への帰属意識は経済や政治的な目的の都合で作り出されるもので、政治や経済の変化でいかようにでも変化させられるものととらえる。宗教を、大衆のアヘンであって虚偽意識であるとしたマルクス主義を、継承した議論ともいえよう。これらの両極端の議論を廃して、ディクソンは「構成主義」と「リアリズム」の折衷による分析こそが適切な方法とする。宗派や民族への帰属意識は人間性に埋め込まれたものでもなく、歴史的に不変のものでもなく、政治や経済や地政学などの条件で構成され、変化していくものである、という。しかし宗派や民族への帰属意識はいかようにも形作れるものではなく、現に動員力を持つ宗教や宗派や民族主義の影響力を認めなければならないという。

ただし、これはかなり「いいとこ取り」な議論という気がしないでもない。宗派への帰属意識や宗派間の対立が人為的に「作られる」局面と、宗教や宗派や民族主義が人々を有無を言わさず突き動かしていく局面を、学者はどうやって見分けるのだろうか。それはその時々の分析する側の事情で揺れ動く、不確かな断定とはならないのだろうか。構成主義的な視点は、宗派や民族意識を好きなように作り変えられるとみなす道具論に、限りなく近い。臨機応変にリアリズムの観点を取り入れるというのであれば、かなり恣意的なさじ加減が介在しかねない。

とはいえ、ここでなされた分析概念の整理は、中東の宗派主義を見ていく際に頭の片隅に置いておくといいだろう。分析概念は常に現実を見て検証していくためにある。宗派による結束や対立は、時に人間の原初的な本能のように見えることもあるだろうし、そのように主張されるだろう。各勢力は、それぞれの宗派や民族を、悠久の歴史の彼方に根拠づけるだろうし、多くの者にとって、主観的にはそれは説得力のあるものだろう。しかし、宗教・宗派・民族を、人間に原初的に備わる属性として、あるいは歴史のはるか彼方から続く確固たるものとして主張する今現在の政治的な作為によって、宗派への帰属意識や敵対意識が日々に再生産され、道具として用いられていくことも、中東現代政治を見ているうちに、観察されていくだろう。宗派の確固たる根拠を中東社会の人々が主観的には信じているという「現実」と、それを操作する様々な政治的主体が何重にも存在して構成される中東の「現実」を、どちらも見ていく視点が必要である。

7 宗派対立の虚実

現在の中東は、内政でも国際政治でも、宗派による帰属意識の絆を利用し、相互の敵対意識を煽る政治が、縦横に展開されている。これが地政学的な利害、すなわちサウジアラビアとイランの覇権競争に多分に影響されていることは確かだろう。宗派の相違がある以上、あるいは宗派によるコミュニティの結束が実体上存在しているからといって、宗派対立が原初的に不可避であるとは言えないし、歴史的に対立が永続してきたとも言えない。宗派が同じであれば結束できるということではないし、宗派が異なっていても条件次第で共存は可能な場合もあったことを、過去の例から示すこともできる。

しかし宗派は政治的な目的のために道具として利用されているだけであり、宗派間の対立は全て政治的に作り上げられたものだ、として宗派に基づく政治を批判していれば、宗派間対立がなくなると考えるのは、現実的ではないだろう。現在の中東政治において、宗派主義は最も効果的な政治的ツールとなることが知られてしまっており、現に広く用いられており、今後も用いられていくことは、残念ながら、かなりの程度確実である。

「中東問題はシーア派とスンニ派の宗派対立である」という、最近広まった通念は、単に事情を知らない素人の謬説である、とは言い切れないところがある。原因と結果を特定するという形で議論していけば、論理的に難のある説明だと反駁することはできよう。現地の様々な主体が、政治的な目的のために宗派の分裂を強調し、地政学的な覇権競争のために道具として利用している、と論じることもできよう。しかしそのような政治的な利用の結果、宗派によるつながりと、それに基づく敵・味方の関係が、現実のものとなり、取り返しのつかないほどに固定化されてしまう可能性もある。そうなれば、それは客観的な現実の一部だろう。

宗派対立が不可避ではなく、ある環境状況下で可能になった、政治的な道具として利用されているものに過ぎないとしても、そのような宗派への帰属意識を高揚させ、対立を煽る、中東の現地の主体の行動を変えさせる力を、現状では誰も持ち得ていない。少なくとも近い将来において、中東は宗派主義による連合と敵対を軸に展開していくと見るしかない。

かつてのマルクス主義全盛時代であれば、宗派への帰属意識と、相互の敵対意識は、「虚偽意識」として批判しておけばよかっただろう。もし「宗教とは虚偽意識である」と断定してしまえるのであれば、見かけ上、話は簡単になる。単に、中東の諸国民は今、宗教という迷妄から脱する人類の普遍的な発展の中で立ち遅れている、とみなせばよくなるからである。しかしそのような、宗教をやがて消滅する虚偽意識とみなす普遍的発展史観を、どれだけ多くの人が今も信奉しているだろうか。

中東諸国民の帰属意識、すなわち政治的アイデンティティでは、生まれ育った宗派コミュニティの規範が多くを占めている。各個人は、多くの場合、宗派主義の影響の制約の下で政治的な判断を行い、選択をしている。このことを認めることは、近代的な学問の枠組みからは、それほど容易ではないことなのかもしれない。人間を基本的には自由で自律的な個人とみなし、その自己決定に制約を及ぼす要因を経済を筆頭とした物質的なものとみなす、近代的な社会科学は、中東の人々が実際に宗派の規範を重視し、宗派のつながりを政治的アイデンティティの核としているという現在の状況を前にして、自明なものではなくなる。専門研究の場で、宗派主義を中東諸国や国際政治の「原因」として取り込むことにしばしば強い抵抗があるのは、方法論あるいはその前提としての認識・世界観を揺るがす面があるからではないだろうか。

中東に現実に存在し、有効性を持っている、宗派に基づく政治は、現地の人々の迷妄とも、偏見を持った観察者の謬見とも、断定して片付けることはできない。より適切な研究課題の設定は、中東の諸問題・諸事象が、いかなる場面で、いかなる意味で「宗派対立」となるのかを解明することである。人々は「教義」の正しさを巡って争ってはいない。しかし、もしシーア派とスンニ派の思想の相違が、異なる政治行動や組織原理、国家制度と権威・権力構造をもたらすのであれば、これもまた現実の一部として解明しなければならないだろう。なぜ以前は宗派の相違が宗派間の対立に至らなかったのか。いつ、どのようにして、異なる宗派の間の対立が頻発するようになったのか、相違が対立に転じる条件は何なのか、といった問いかけを、現実を前にして、繰り返していくべきだろう。

次の第2章では、シーア派の宗派意識の核となる、歴史の経緯に立ち戻ってみよう。過去の出来事が現在の全てを決めるわけではない。しかし現在のシーア派の人々が、歴史をある形で思い出すことで、シーア派の宗派への意識は日々に再生産され、宗派主義の政治が力を持つ条件が生まれる。まずは思想の力を直視してみよう。

第2章　シーア派とは何か

1　「宗派」と「宗教」

現代の中東に生じているのは「教義」をめぐる対立ではなく、宗派の「コミュニティ」の間の対立である、とこれまでに記してきた。それでは宗派によるコミュニティはどうして生まれてくるのだろうか。中東の社会は、異なる宗派のコミュニティにどうして分かれてきたのだろうか。

「教義の対立ではない」と記しておきながら、この章では、やはり教義の話もすることになる。どうしてそうなるかというと、やはり宗教の教義は、それはそれとして重要だからだ。政治・社会・経済要因は様々あれども、結局、なぜ人々は宗派によってまとまるのか。これについて考えるには、教義上の要因を全く抜きにしてしまっては、人々を動かすそもそもの動因としての重要な部分が、欠け落ちてしまう。イスラーム教とキリスト教の教義が違っていて、それぞれが別のコミュニティを形作りがちなことは、これは当然のこととして受け止められるだろう。しかしイスラーム教の中でなぜ、どのように、異なる宗派が成立してきたのか。教義の相違はどのようなものか。教義の相違が、それぞれの法にどう影響を与えたのか。政治体制に関する規範理念はどう異なるのか。このあたりは、現在の個々の宗派対立の事象の直接の原因とはいえないものの、前提となる構造を深いところで決定していたり、間接的な遠因になっていたりする。紛争の直接の原因ではなくとも、紛争のあり方を形作る不可欠の要素である。

なお、中東の宗派を議論する時の用語法は、日本語の通常の用語法とは若干ずれる。それゆえに日本語での議論が、気づかないうちに大いにずれてしまう点をここで指摘しておこう。中東に関する議論をしている限り、「宗派」は、イスラーム教の中のスンニ派とシーア派という分派を指すのと同時に、イスラーム教のその他の諸宗派だけでなく、キリスト教の諸宗派も含む。この場合のキリスト教の諸宗派とは、カソリックやプロテスタントよりもむしろ、中東に固有の宗派（そちらの方が西方のカソリックやプロテスタントよりも古く由緒が正しいのだが）である、ギリシア正教やマロン派などを主に指す。

「イスラーム教とキリスト教の対立」であれば「宗教紛争」ではないのか？と思う人もいるかもしれない。しかし中東の専門家はあまりそのような用語法を用いない。これにはもっともな事情がある。中東では、イスラーム教徒であれキリスト教徒であれ、それぞれの宗教の規範に基づいて生活を営み、宗派で政治・社会的なコミュニティを形成しているのが通常である。この社会政治的実体としてのコミュニティと、それぞれのコミュニティが結びつく拠《よ》りどころとなる規範や法のいずれをも指して、「宗派」と呼ぶのである。「宗派」はアラビア語でターイファ、英語に訳すと sect であり、宗派間の関係によって成り立つ政治をターイフィーヤ、sectarianism という。なお、宗派間の対立や紛争を英語では sectarian strife などと呼んだりする。

しかしこれが往々にして、日本の一般読者には分かりにくいようだ。日本語の「宗派」という言葉は仏教やキリスト教のような（一つの宗教の中での）「分派」という意味が含まれており、「宗派対立」は一つの宗教における分派間の対立と理解されやすい。異なる宗教の間の争いであれば「宗教対立」と呼ぶべきではないか、と考える人も多いだろう。そして、日本語の「宗教対立」には、「教義の争い」という意味が色濃く含まれている。これらの用語のズレから、中東について考えるときに、「宗派対立」と聞くとそれがイスラーム教の分派の間の対立のみを意味すると考えてしまい、それとは別にイスラーム教とキリスト教の間で教義をめぐる「宗教対立」が生じているのかどうか、などといった偽りの議論が持ち上がったりして、頭が混乱していく。実際には、中東の社会を見てみれば、イスラーム教徒であれ、キリスト教徒であれ、それぞれのいくつかの宗派が、それぞれの法と規範と慣習で結ばれたコミュニティ（宗派）の集団を形作っており、それらの集団間で時に対立・紛争が持ち上がる、というのが現実である。単にこの現実を日本では知らないがゆえに、「宗派対立」と「宗教対立」を分けて考えて一層混乱するなどといった、無用の混乱が生じているのである。この本では、イスラーム教とキリスト教とを問わず、宗派で結びつくコミュニティ間の、主に政治・社会・経済的な紛争として「宗派対立」という用語を用いていこう。

2 シーア派は「少数派」なのか？

まず中東の人口の多数を占めるイスラーム教のシーア派とスンニ派という二つの代表的な分派について見てみよう。全世界のイスラーム教徒のおよそ一割、あるいは一割五分程度がシーア派と言われており、残りの多くはスンニ派である。シーア派に分類される宗派の中にもいろいろあるが、ここでは大まかにシーア派としておこう。シーア派と言う時は、実際には、その信仰者の大多数を占める十二イマーム派を念頭に置いていることが多い。イランやイラク、レバノンなどに多い宗派である。

しかし「イスラーム世界でシーア派がせいぜい一割五分である」と言う時に、さっそくまた誤解が生じる。それは、シーア派が圧倒的な「少数派」であり、であるから主流派の正統な教義から逸脱した「異端」である、という誤解である。まず、一割―一割五分というのは、東南アジアや南アジアやアフリカを含めた世界のイスラーム教徒全体の中の話であり、中東だけを取ってみれば、シーア派の割合はもっと高く、「少数派」というイメージではないところが多い。イランでは多数派であり、イラクでも長く最大の人口を擁する宗派であった。レバノンでも近年はシーア派が最大の宗派になっていると見られる。ペルシア湾岸のアラブ産油国のうち、バーレーンでは人口から言えばシーア派が多数派だが、王族やその取り巻きなど支配勢力の多くがスンニ派である。クウェートでも国民の二―三割はシーア派と見られ、スンニ派に対抗している。サウジアラビアでは国民全体ではスンニ派が多く、シーア派は一割―一割五分程度とみられるが、ペルシア湾に面した産油地帯の東部州では、元来の住民の多くがシーア派だった。中東でシーア派がほとんどいないか圧倒的な「少数派」であるのは、エジプトや、モロッコやアルジェリアといったマグリブ諸国などだろう。

イスラーム世界全体でのスンニ派とシーア派の比率を見てしまうと、人口の多いインドネシアやマレーシアにほとんどシーア派がおらず、インド亜大陸にもそれほど多くないということから、スンニ派が圧倒的多数で、シーア派は社会の周縁にのみ存在するマイノリティであるという印象を持ちかねない。しかし中東、特にイランやイラクなどのペルシア湾岸一帯やレバノンではスンニ派とシーア派の人口は拮抗しており、国によってはイランのようにシーア派が絶対多数であったりもする、ということは覚えておきたい。

3　シーア派は「異端」なのか？

それでは、シーア派はイスラーム教の「異端」なのだろうか。これも、そうとは言えない。もしシーア派の教義が「異端」であるとすれば、それに対する正しい教義すなわち

「正統」があることになる。しかし、イスラーム教ではスンニ派が正統でシーア派が異端だとは言いにくい構造がある。もちろんスンニ派の宗教学者、特に神学者に尋ねれば、自らの「正統」と考える解釈を示してくれるだろう。それによって、シーア派がどの部分で「誤って」いるかも論じてくれるだろう。しかしスンニ派が客観的に見て正統であって、シーア派が異端であるとする基準は、イスラーム教の教義の構造上、示すことが難しい。逆にシーア派の神学者に問えば、これまた「正統」と考える議論によって、シーア派の正しさを論じてくれる。そのどちらがより正統であるかを第三者が判定することは極めて困難である。

それは、スンニ派もシーア派も、基本的な教義を同じくし、正しい教義の根拠とする典拠のテキストを同じくしているからである。スンニ派もシーア派も、唯一神アッラーを信じ、ムハンマド（西暦五七〇年頃—六三二年）を神の使徒と信じていることに相違はない。スンニ派もシーア派も、同一のコーランを典拠と仰ぎ、そこから規範を導き出している。信者として疎かにしてはならない基本信条が同一である以上は、その先の神学的な解釈に相違があっても、どちらかが他方を「異端」と論証してみせたとしても、客観的には正しいと判定しにくい。どちらの見解が正しいかについての判定基準となる典拠テキストが同一で、同様の手続きを踏んで議論しているからである。

ただし、教義のテキストの一部には相違があり、それは預言者ムハンマドの発言や行動を記録したハディースの一部においてである。ハディースについても、スンニ派とシーア派の信じるテキストのかなりの部分は重なっているが、異なっているのは、シーア派は、歴代の「イマーム」と呼ばれる人物たちの発言や行動をこれに加えていることである。

シーア派はムハンマドの娘ファーティマと従弟《いとこ》アリーの間から生まれた血統の人物たちに、特別な宗教的能力が備わっており、イスラーム世界を宗教的にも、そして政治的にも、指導すべきであった、と信じる。この後継者になるべき人を「イマーム」と呼ぶ。この点をスンニ派の宗教学者が追及すれば、場合によっては「異端」と認定することができるかもしれないが、シーア派の宗教学者も、スンニ派と同様の方法論・手続きによって、イマームたちがなぜ尊崇され法の典拠にされるべきかを議論することができる。どちらが正統でどちらが異端かを議論すれば、議論は平行線をたどり、「見解の相違」が残るだけだろう。

むしろシーア派がほとんどいない地域の方が、実際のシーア派の教義とその信者を知らないが故に、いわば風説を頼りにして、シーア派を異端であるかのようにみなし、忌避・排斥する言説が流布しているようである。東南アジアの、例えばマレーシアやインドネシアのように、中東から遠く、アラブ世界のスンニ派の教義解釈の結果を金科玉条のように受け取りやすい地域では、シーア派は、よく分からないが邪悪なものとして受け止められ、排除されている気配がある。

しかし中東では、シーア派は社会的・政治的な実態であり、しばしばスンニ派と拮抗し、時に上回る。「異端」として排除することは、ほぼ不可能な存在である。

4　シーア派の誕生

シーア派とスンニ派が分化し分裂するきっかけは何だったのだろうか。発端はムハンマドの死の直後の権力継承をめぐる争いに遡る。

一般に宗教団体というものは、創設者が亡くなった時に最大の危機に直面する。創設者が生きている間は、大抵の問題は創設者自身が解決する。教義の上で何か疑義や混乱が持ち上がれば、超越的な力を認められ信者に対してカリスマ的な権威を持つ創設者が、それを正せばいい。政治や社会との関係についても、教団の運営や外部社会との関係で何か紛議が生じれば、創設者が判断し、信者は最終的には従うだろう。創設者の判断に信者の多くが従わない場合、そのような宗教・教団は早期に消滅するだろう。

現在まで残っているような宗教が過去に直面した、宗教・教団の存立に関わる最大の岐路は、多くの場合は、創設者が亡くなった時である。

ここで生じる最大の問題は、誰が宗教団体の指導者の地位を継ぐかである。創設者と同等の宗教的カリスマ性や政治手腕がある人物がいるとは限らない。むしろいない方が普通だろう。そもそもが、宗教団体とは、飛び抜けた能力を持った創設者に従う人々の集まりであって、創設者以外の権威を持つ存在が、創設者の存命の間は出てきにくい。宗教団体が成長発展する中で頭角を現わす人物がいても、創設者は自らの地位を脅かされることを恐れ、排除していたかもしれない。その場合、創設者が生きている間は組織の結束は保たれるが、創設者が亡くなった瞬間に、組織の存続が危ぶまれるほどの危機に直面する。求心力を失って雲散霧消するかもしれない。

創設者が事前に後継者を指名していれば、問題は解決するように思われる。しかし後継者の指名が明確になされていなければどうなるのか。複数の後継者候補が現われて、教団が分裂し、対立・抗争を繰り広げるかもしれない。カリスマ的指導者に率いられて急速に台頭したが、指導者の死後は振るわなかった教団の例は多くある。現在も存在しているそれなりに歴史の古い宗教は、後継者問題をどうにかこうにか解決してきた教団であり、逆に言えば、後継者問題を解決できなかった教団は消滅してわれわれの前に残っていないと考えてもよいだろう。

イスラーム教団は、後継者問題をどのように解決したのだろうか。スンニ派とシーア派の分離は、預言者ムハンマドの後継者問題をめぐって生じた紛争に由来している。端的に言えば、スンニ派は、預言者ムハンマドの死後に、歴史上に実際に行われた権力継承の過程を、全面的に肯定する立場である。これはすなわち政治的な「主流派」だったと形容してもいいかもしれない。それに対してシーア派は、実際に行われた権力継承の過程の大部分を否定する「反主流派」の政治的立場が元になっている。シーア派は、イスラーム史の初期の展開、特にイスラーム教団国家の権力継承の過程を、あってはならなかった不正義であり、権力の簒奪《さんだつ》であったと捉える。翻って、本来ならあるべきだった特定の権力継承の規範を掲げ、この規範に基づいて権力の継承者となるはずであったある特定の血統の人たちに、特別な権威、あるいは超越的な宗教的な能力があったものと信じる。ここで政治的な対立が、部分的に異なる教義の形成につながる。

このように、教団の運営と、教団国家の統治をめぐる主流派と反主流派の対立、特にムハンマド死後の権力継承をめぐる政治的な対立が、教義にも部分的な相違をもたらしたことで、シーア派はスンニ派と部分的に異なる教義体系を形成していく。また教義の解釈を担う宗教学者の政治・社会的な権威や権限のあり方も、異なるものが形成されたのである。それは現在のスンニ派とシーア派の、宗教の政治への影響のあり方の相違につながり、宗教学者の権威のあり方や行使できる権力の相違につながっている。

5　ムハンマド死後の政治権力——正統性と実効性

イスラーム教団は後継者問題をどのように解決したのだろうか。ここで、後継者を選ぶ際の「基準」について考えてみよう。一般的に、宗教団体に限らず何らかの組織が、組織の長の後継者を選ぶ時に、根拠となる「基準」は、大まかに次の二つになるだろう。すなわち「正統性」と「実効性」である。「正統性」とは、何らかの理由でその人が後継者になるにふさわしいと多くが認める属性を有している、ということである。例えば高貴な血統や秀でた能力が挙げられるだろう。ここでは宗教教団であるから、正統性の側面は特に重要であるといえよう。できればムハンマドと同等の宗教的なカリスマ性が備わっていることが望ましい。

しかしここでイスラーム教の教義は重大な「禁じ手」を設定しており、宗教的にムハンマドと全く同等の後継者は、生まれにくい仕組みになっている。それは、アッラーからムハンマドを通して啓示された章句で、ムハンマドは「預言者たちの封印」とされていることである。

イスラーム教の考え方では、唯一神アッラーは、これまでに人類に幾人もの預言者を遣わされ、使徒として神の啓示の書を伝えてきた。ユダヤ教のモーセやキリスト教のイエスは、イスラーム教の教義によればそれらのムハンマド以前の預言者であり、それぞれに元来は正しい啓示の書を託され、人類に伝えた。ただしそれを受け取った人間の側が、正しく伝えなかったり改変してしまったりしたので、現在存在する形での旧約・新約聖書は部分的に間違いを含む、ととらえる。しかしここで「預言者たちの封印」としてのムハンマドが現われたため、ムハンマドの後には、人類に二度と預言者は遣わされない。コーランはそれまでに下された啓示を完成させた完全なものであり、それを伝えたムハンマドは最後の預言者である。

このような教義であるため、ムハンマドが亡くなった後に、誰かがムハンマドと同様の預言者の役割を果たすことはできない仕組みになっている。それどころかむしろ「自分がムハンマドの跡を継ぐ預言者だ」などと主張する者が出てくれば、即座に、正しい宗教の教えに挑戦する背教者として攻撃され排除される。イスラーム圏に新宗教がほとんど発生しない理由は、イスラーム教が、そのような可能性をあらかじめ封じる、「最後の預言者」による「最後の啓示」という、「禁じ手」を定めたかのような教義を有しているからだろう。新たに「自分も啓示を受けました」と主張する者が現われた時に、議論の余地なく「背教者である」と多数が認知し排撃して、そのような新宗教の存立を極めて困難にするのである。

これはイスラーム教の「教義」の継続性という意味では強力な仕組みと言えるだろう。イスラーム教の教義は、少なくともその典拠となる原典テキストは預言者の死後はもう生まれない。改変や逸脱は厳しく禁じられ、教義の面での乱れは生じにくい。教義の乱れが少ないということは、教団の結束の維持につながり、パワーにもつながっていく、と考えることはできる。

しかしこれは諸刃の剣である。ムハンマド死後に、宗教的な権威を十分に帯びながらイスラーム教団を指導していく人物が、生まれにくい。

6　実効支配か血統か

どのような基準で後継者を選ぶのか。ここで二つの有力なやり方が、歴史上、人類のあらゆる集団の権力継承において用いられてきた。それは「実力か、血統か」である。イスラーム教団とその生まれたばかりの国家も、この選択肢を突きつけられたと言えよう。「実力」というのは、教団を実際に支配する実権を掌握している者が後を継ぐ、という意味である。イスラーム教団のように、国家となりかけていた存在については、「実効支配」の権限を実際に握っている者がムハンマドの政治指導者・軍事司令官としての後を継ぐ、という意味でもある。

それに対して「血統」は、実力が伴っている場合もあるが、必ずしも伴っていなくとも、創設者の血を引く人物に、権力を継承する根拠があると認められる場合が多くある、ということである。世界各地の新興の宗教教団では、創設者の死後に、息子、あるいは兄弟など、血縁で継承する場合が多くある（日本の新宗教などの場合には、妻や娘や娘婿が継ぐということもけっこうあるが）。

六三二年、ムハンマドの死の直後に何が起きたか。実際は、実効支配の権力を誰が掌握しているか、が優先されたと言えよう。教団の有力者たちが合議（談合）して、教団の権力の継承者を決めた、ということになる。いわゆる「四代正統カリフ」として世界史の教科書に載っている、アブー・バクル、ウマル、ウスマーン、アリーの四名へと、ムハンマドの死の直後にイスラーム教団の権力は継承されていった。これをそのまま正統であったと認めるのがスンニ派である。

ムハンマドが死んだ時、教団の指導者の地位は、教団の有力者の間の合議で決められた。死の床についたムハンマドを囲んでいたのは、ムハンマドの最愛の妻アーイシャの父アブー・バクルと、その一派だった。有力者のウマルが音頭をとってアブー・バクルをカリフ（後継者）に推戴《すいたい》し、その場の一同が受け入れて「忠誠の誓い（バイア）」を行なった。イスラーム教団の全員が集まって選挙するのではなく、有力者が半ば互選する形でムハンマドの後継者を決定し、その場の全員が「忠誠の誓い」をする。その後に教団全体が「忠誠の誓い」をして追随する。このような歴史事実を根拠に、少数の有力者が互選で指導者を推戴し、その他がこれを追認するというやり方が、スンニ派にとっては正統な権力継承の方法として、イスラーム法に盛り込まれていった。

しかし六三二年から六六一年までの「四代正統カリフ」の時代とは、「正統」なカリフについて誰もが同意して平穏に過ごした時代では全くない。むしろイスラーム教団が内乱と分裂と、陰謀と暗殺に揺れていた時代である。この時代は外に向けては急速な拡大期で、派遣軍がペルシア帝国や東西ローマ帝国の版図を破竹の勢いで征服していたが、イスラーム教団の内部の抗争も激しかったのである。

7　アリーの血統への「あるべきだった権力継承」

シーア派は、この時代の実際の権力継承を正統と認めず、ムハンマドの直系の子孫にこそ、イスラーム教団と国家を指導する権限が継承されるべきであったと信じ、そのための特殊な能力が備わっていたと信じる。シーア派は四代正統カリフのうち、最初の三代を認めない。ましてや、アリーの死後にウマイヤ朝やアッバース朝が世襲王朝によって支配していったことも正統として認めない。

ムハンマドには教団の創設時以来付き従う、腹心の部下と言うべき存在がいた。それが従弟であり、養子と言ってもいいアリーである。ムハンマドがヒラー山で最初の啓示を受けた時、それを信じて改宗したのは、まず第一に、最初の妻のハディージャであり、次にアリーだった。アリーはムハンマドとハディージャの間の、長じるまで生き残ったただ一人の娘のファーティマと結婚し、娘婿にもなった。

シーア派は、ムハンマドが亡くなったその時に、アリーが後継者の地位に就くべきであったと信じる。シーア派ではこれをイマームと呼ぶ。イマームはカリフの権限や地位も兼ねているが、それ以上の宗教的な能力があったものと信じる。さらに、アリーの後はその息子のハサンとフサインがイマームの地位を継いだと信じる。

実際にはここには、ムハンマドの周辺のかなり人間的な、下世話とも言える「家庭の事情」が深く影響していたようである。ムハンマドは、最初の妻ハディージャが六一九年に死去した後、多くの妻を娶《めと》ったが、その中で一番愛されたのがアーイシャだった。アーイシャは有力者のアブー・バクルの娘で、ムハンマドより四十歳以上も若かった（婚約したのは六歳ごろであるとみられることから、これが幼児婚を正当化するものかどうかとして近現代には物議を醸《かも》すことになるのだが）。アーイシャはムハンマドに特別に愛され、ムハンマドの死を看取ったとされる。六三二年のムハンマドの死から、アーイシャが六七八年に亡くなるまでの間、四十五年に及ぶ長きにわたって、ムハンマドの言行を語り継いだ。後の時代にムハンマドの言行を記録したハディースが収集されたが、そのうち多くをアーイシャが伝えたものが占める。最愛の妻としてムハンマドの側におり、他の者が聞いていないことを聞いたことと、若く、ムハンマドの死後長く生きたことが、ムハンマドのハディースという、コーランに次ぐ教義の規範の典拠テキストの内容を、アーイシャが実質上かなり「支配する」ことを可能にした。

このアーイシャと、ムハンマドの従弟で娘婿のアリーが、大変に仲が悪かったのである。衝突が表面化した直接のきっかけは、イスラーム史上のかなり大きな出来事として記録されている、アーイシャに持ち上がった不倫疑惑である。遠征の途中で隊列からはぐれたアーイシャが、若い男のラクダに乗って戻ってきたという出来事に、口さがない一般信徒たちの間でアーイシャの不倫が取り沙汰されたことをムハンマドは深刻に悩んだ。結局神がアーイシャを無実とする啓示を下し、ムハンマドはアーイシャの不倫疑惑を告発した者たちを罰した。イスラーム教は不倫を厳しく罰するが、ここでアーイシャを擁護する啓示が下ったことから、「不倫の讒訴《ざんそ》」(現在はあまり用いられない言葉だが、偽りの訴えを意味する)にもまたイスラーム法で明確な罰則が設けられることになった。しかしこの時、神の啓示が下るまでの間、悩みに悩み抜くムハンマドに、アリーはアーイシャを離縁してしまえ等々と忠告したそうであり(記録が残っている)、これをアーイシャは深く根に持っていたようである。ムハンマドの生前は、対立は表面化しなかった。ムハンマドはアーイシャを守って中傷者を罰したものの、腹心のアリーを罰することはなかった。

しかし六三二年のムハンマドの死に際して、アリーではなく、アーイシャの父アブー・バクルが権力を掌握してカリフとなり、状況はアリーに不利になっていく。アリーは六五六年にようやく四代目のカリフに就任するものの、反乱に直面。敵方にはしばしばアーイシャの影があった。

これは現代社会に置き換えてみれば分かりやすい。「創業以来の番頭さん」と「事業が大きくなってから迎えた若い後妻（その背後には父の一族がいる）」が、創業者が亡くなった後に揉める、というケースは、新興企業の場合であれば珍しくもないであろう。

六六一年、アリーは暗殺され、アブー・バクルやその盟友のウマルが重用した、メッカの有力家系のウマイヤ家が、権力を掌握して世襲王朝を樹立する。これに対抗する勢力が、アリーの血統の子孫を担《かつ》いで、繰り返し反乱を起こした。その度に反乱は鎮圧されたが、最も大きく語り伝えられているのが、アリーの次男のフサインの「殉教」である。六八〇年、フサインを推戴して反ウマイヤ朝の狼煙《のろし》を上げた反乱勢力を、ウマイヤ朝のカリフ・ヤズィードがカルバラー（現在のイラク中央部の都市）の地で包囲し、フサインを惨殺した。これを「カルバラーの悲劇」と言う。これが起こったのはイスラーム教のヒジュラ暦六一年の、ムハッラム月十日（ムハッラム月はヒジュラ暦の第一月）。シーア派はこれを悼んで、毎年ヒジュラ暦ムハッラム月十日（アーシューラー）に祭礼を行う。一般に「アーシューラー」と呼ばれる、シーア派の毎年最大の祭典である。この日、シーア派の信徒は自らの体を叩きながら（しばしば傷つけて血を流しながら）、街路を練り歩き、フサインの死を嘆き、自らの無力を悔いる。そしてフサインの四十日（アルバイーン）の喪が明けた日に、カルバラーのフサイン・モスクへの巡礼を行う。これが「アルバイーン」の巡礼で、「アーシューラー」と並び、シーア派の信徒が一体となる機会である。

シーア派にとって「あるべきだった」歴史の展開は、預言者ムハンマドの死後すぐにアリーに政治権力と宗教権威が継承され、その後はアリーの血統に受け継がれて、「イマーム（指導者）」としてイスラーム世界を統治するというものである。アリーが初代イマーム、長男のハサンが第二代イマーム、そして次男フサインが第三代イマームだったと信じられる。イマームの地位はその後、アリーの孫のザイヌルアービディーンへと継承され、九世紀の後半までアリーを含め合計十二名のイマームが存在したとされる。アリーからどの血統に「イマーム」の位が継承されたかについては、細かいところでシーア派の中でも相違があり、それによってさらに細かく宗派が分かれる。シーア派の主流派は十二人のイマームの存在を認める十二イマーム派である。現在のイランやイラクやレバノンのシーア派は、多くが十二イマーム派を信奉している。

九世紀に第十二代イマームのムハンマド・ムンタザル（「待望される者」という意味）が姿を消した（「お隠れ」の状態と言う）とされ、それ以来、終末の日に先立って最後のイマームが救世主として再臨するまで、シーア派の考え方からは、正しい支配者であるイマームの統治は行われないとされる。

このように、スンニ派は実際に行われた、実効支配の力を持つ有力者への権力継承を正統と認めるのに対して、シーア派は、実際には行われなかった、ムハンマドの直系の血統への「あるべきだった」権力の継承の正統性を信じていると言えよう。

アブー・バクルやウマルやウスマーンへと権力を継承していったスンニ派にしても、血統を全く重視していないわけではない。アブー・バクルやウマルやウスマーンは、ムハンマドが属すクライシュ族の一員であった。ムハンマドから何代も遡れば、それらも同じ祖先を共有しているという意味では、三代までの正統カリフも、あるいはウマイヤ朝のカリフであっても、ムハンマドと血統を同じくしていることにはなる。しかしシーア派はその中でも特に、ムハンマドの後の直系の血統を重視し、その系譜の特定の人物には特別な、無謬《むびゅう》の、超自然的な宗教的能力が備わっていたと信じることで、政治的立場を異にし、やがては部分的に異なる教義・解釈の体系を構築していくようになった。

8 歴史の肯定と否定・優越感と劣等感

シーア派の独自の教義は、「イスラーム教団国家の権力を掌握したスンニ派によるシーア派への不当な弾圧」という歴史観を理論化し体系化したものだった。スンニ派が、実際にイスラーム世界で行われた権力の継承、王朝の系譜とその統治を、基本的には（個別の失敗はあれども）正統と認め、肯定するのに対して、シーア派はムハンマド死後のイスラーム世界を統治した政治権力のうち、かなりの部分が「あってはならない」不当・不正義のものであったとして否定する。そして、あってはならない現実の歴史に対抗する、「神によって指名された無謬のイマーム」たちの、「あるべきだった」統治を思い描く。この理想の実現を阻止した不当な現世の権力を呪い、不当な権力によって迫害されたイマームを悼み、イマームを守れなかった信徒としての自らの境遇を嘆いていく。これらがシーア派独自の教義と儀礼として、体系化されていった。

シーア派の「虐げられた民」としての自己認識は、「劣等感」とひとまずは言えよう。しかしこれは絶対的な真理が我にあると信じた上での現世における不利の認識である。それは裏を返せば圧倒的な優越感・正統意識に基づいており、自らを「異端」と卑下するような発想はない。「不義の現世の支配者によって不当に虐げられた民」という自己認識は、「神によって選ばれた無謬の指導者に従い来世によって褒賞を受ける民」という自信と確信に裏打ちされている。

スンニ派が優位の権力関係と、それを不正義なものとして認識し記憶するシーア派。この対比はイスラーム史とイスラーム教の教義を確然と分け、相互に相互を支え合う鏡像のようなものである。歴史上、特に初期のイスラーム史では、多くの場合はスンニ派が支配者の側に立ってきた。それに対抗する勢力を正統化するためのイデオロギーとして、シーア派の教義は形成された。シーア派は、預言者ムハンマドの高貴な血筋を引く人物をイマームと仰ぎ、象徴的な指導者として推戴することで、反体制派の結集軸となった。

このように権力と支配の所在と継承をめぐる闘争、体制と反体制の相互関係と、それぞれが掲げる象徴という、もっぱら政治的な経緯から、スンニ派とシーア派の教義の相違が発生し、長い期間を経て、それぞれの教義に従って社会生活を営むコミュニティが、各地に分化して定着したのである。

なお、初期のイスラーム史においては現世の政治では敗者の側にいたシーア派だが、時代が下ると、この強固な確信と使命感に支えられた信仰で結びつくことで人々を有効に動員し、しばしば権力を掌握して王朝を形成することにもなる。「虐げられた民」としての教義と、長い歴史の中での実際の権力関係は、一致しないこともある。

特にイランでは、シーア派が多数派となり、権力を掌握する側にもしばしばなった。これはおそらく、イランの主要民族であるペルシア人がイスラーム教以前に長い歴史を持ち、ペルシア帝国によって広大な文明圏を支配していた伝統が関係している。いわば辺境の地と言っていいアラビア半島から勃興したイスラーム教を、アラブ人の支配の下で宣布され、一時は従属民の地位に置かれたという屈辱感が、イスラーム教団国家の主流派のスンニ派に対抗する、シーア派の信仰をイランで特に受け入れ易くしたのかもしれない。十六世紀から十八世紀にかけてイランを支配したサファヴィー朝がシーア派を国教としたことで、イランの多数派・支配的宗派として、シーア派は定着した。

とはいえ、近代の中東諸国の大部分、特にアラブ諸国の権力構造の中では、スンニ派が権力を握る側であることが多かった。これは近代の初期まで、現在のアラブ諸国にかけての地域を支配したオスマン帝国が、スンニ派を信奉していたことが大きく影響している。オスマン帝国の支配下で確立された社会構造・政治支配の体制はスンニ派優位であり、オスマン帝国崩壊後に分立したアラブ諸国に、これは継承された。シーア派の儀礼は制限され、シーア派住民は社会の周縁に追いやられ、シーア派としてまとまって政治的な要求を行う勢力は反体制派として弾圧され、封殺されることが多かった。シーア派が多数派のイランにおいても、欧米化を通じた近代国家形成を推進したパフラヴィー朝は、世俗化を進めてイスラーム教信仰を弱め、宗教勢力の力を削いでいった。

しかし一九七九年のイラン革命が、大きく状況を変えた。

第3章　それはイラン革命から始まった

1　イラン革命の衝撃

近年のシーア派の台頭と、それに伴い惹起される宗派対立は、淵源を辿っていけば、一九七九年のイラン革命に行き着く。近代化・西洋化の政策を推し進めたパフラヴィー（パーレビ）朝を打倒し、シーア派独自の理念による政治体制を樹立したイラン・イスラーム革命は、全世界にその名を轟かせると共に、その後の中東の社会と国際政治に深甚な影響を及ぼした。

一九七八年一月以来、一年間にわたり拡大してきた反体制抗議行動のうねりに耐えかね、一九七九年一月十六日、パフラヴィー朝の第二代シャー（古代ペルシアの「大王」の呼称）モハンマド・レザー・パフラヴィー（一九一九―一九八〇）は国外に退去する。これを受けて、二月一日、アーヤトッラー・ホメイニー（一九〇二―一九八九）が亡命先のパリから凱旋帰国し、勢いのついた反体制勢力は王党派を駆逐し、二月十一日までに政権を掌握した。

イラン革命は、その発端においては、様々な様相を帯びていた。シャーの専制に対する自由主義的な反対運動や民主化運動としての性質も持ち、モジャーヘディーネ・ハルグやイラン共産党（トゥーデ党）など左翼勢力も先鋭的な役割を果たした。しかし圧倒的な規模の大衆動員の原動力となり、革命に正統性と理念を与えたのは、イスラーム主義勢力だった。イスラーム統治体制という新たな体制理念を提示した、ホメイニーをはじめとするウラマー（イスラーム学者）と、ウラマーによる統治を掲げるイスラーム主義勢力が、王政打倒後の権力闘争を勝ち抜き、イスラーム統治体制を確立することで、イラン革命は「イスラーム革命」となった。

2 イラン革命の四つの要素

イランのイスラーム革命がどのような意味で衝撃的だったか。ここでは次の四つを挙げておこう。

（1）近代化・西洋化に対する否定
（2）イスラーム統治体制の樹立
（3）スンニ派優位の中東でシーア派が権力を掌握

（4）反米路線へ転換

第一に、イラン革命は、それまでの近代世界の支配的な通念だった、「西洋化を通じた近代化」という発展のモデルを、正面から否定した。革命に至るまでのイランは中東における西洋化・近代化の「優等生」と言える存在だった。二十世紀初頭には内発的な立憲主義運動が勃興し、パフラヴィー朝のシャーは白色革命と呼ばれる急速な近代化政策を推進した。中東で最も西洋化しており、近代化が進んでいるとみられていたイランで体制が崩壊し、反西洋的で、近代化の歴史を否定する勢力が主導権を握ったという事実が、驚きを誘った。なお、この時期にちょうど欧米の学術世界でも近代に対する問い直しが進んでいたこともあり、イラン革命をポスト・モダンの先駆として、あるいは日本で言う「近代の超克」として、期待する向きも一部にはあった。フランスの思想家ミシェル・フーコーがイラン革命に際して若干取り乱しながら歓喜する一文を記していたことも知られている。

第二に、イラン革命を通じて主導権を握った勢力が、それまでの反体制派・革命運動とは異なり、イスラーム主義思想を掲げていたこと、そして彼らが実際にイスラーム統治体制を樹立してしまったことが、いっそうの驚きや困惑をもたらした。それまでは、現体制の打倒を呼びかける反体制・革命運動は、民族主義やマルクス主義といった、西洋を起源とする思想に依拠していることが常であった。ところがイラン革命は、イスラーム教のシーア派のウラマーによる政治指導を、特に法学者（ファキーフ）による統治の監督体制を規定する「ウィラーヤト・ファキーフ（法学者の統治）」論に基づいていた（「ウィラーヤト・ファキーフ」はイスラーム法の基本言語として用いられるアラビア語の発音。ペルシア語では「ヴェラーヤテ・ファギーフ」となるが、ここではイスラーム法の概念は、原則はアラビア語表記に基づく発音に統一する）。西洋とは異なる反体制運動の理念が存在し、独自の統治体制の理論があり、実際にそれで体制を変えてしまった、ということが、世界に衝撃を及ぼした。

そして第三に、イスラーム世界に革命をもたらし、反体制勢力に政治権力を獲得することを可能にしたのが、よりにもよってシーア派の教義と思想であったことは、その後の中東の社会に波紋を投げかけていく。イスラーム世界の「非主流派」として、権力から疎外され、超自然的な来世的信仰に救いを求める「弱者」「虐げられた民」としての自己認識を、独自の教義・信仰体系に発展させていたシーア派の信徒が、統治の実権を自ら掌握し、自らの掲げる理念を実現する政治勢力となり、むしろ「強者」の側に転じた。これは、スンニ派優位が定着していた中東、特にアラブ諸国を、内側から揺さぶることになる。レバノンやイラクで、それまでスンニ派の支配層の下で二等市民のような扱いを受けていたシーア派が、イラン革命に勇気づけられ、統治に参与する権利や権力を求めて、活性化していく。サウジアラビアやバーレーンなどでも、シーア派の権利意識が強まり、結束して政治的要求を支配者に突きつけていくと共に、そこにイランが及ぼす影響を、各国の支配勢力が恐れるようになった。イラクやサウジアラビアなど、スンニ派主導の政権が、シーア派の宗教指導者の追放や、シーア派の政治運動の弾圧といった対抗策を取り、宗派間の対立の深まりにつながっていく。

第四に、イランのイスラーム革命体制が、急速に反米へと舵を切ったことも重要である。イランの反体制運動は伝統的に、植民地主義の支配者であった英国に対するものであったが、すでに一九五〇年代初頭にモサッデク首相が進めた石油国有化政策に対して、英国だけでなく米中央情報局（ＣＩＡ）が関与して一九五三年にクーデタを起こしたことで、反体制運動の基調に反米色は濃厚になっていた。しかしパフラヴィー朝の政府の政策としては「親米」であり「ペルシア湾の憲兵」の役をもって任じていた。それが、イラン・イスラーム革命により、イランが国家として反米の旗印を掲げることになり、自他共に認める「中東の憲兵」から、ことあるごとに公式行事で「アメリカに死を」を呼号して世界の反米国の筆頭格に躍り出ることで、中東の国際政治の構図は大きく変わった。

イラン革命によって新体制が反米的になることは、最初から決定づけられていたとは言えない。しかし革命派の間の権力闘争が激化する過程で、テヘランの米大使館占拠人質事件が発生し、ここで反米感情を煽る強硬姿勢を貫くことが、イスラーム主義勢力による全権掌握への道と重なっていた。いわばイスラーム主義による体制の設立に反米闘争が埋め込まれた形となり、市民感情とは別に、体制の「建国神話」と不可分の「国是」となってしまったことで、イスラーム体制が持続する限りそれが固定化されることになってしまった。これに対する米世論にも、テヘラン米大使館占拠人質事件への屈辱の感情が定着し、反イラン政策が民主党・共和党を超えて固定化された。今に至る米イラン対立の原点がイスラーム主義による体制の成立と深く関係するだけに、解決が困難である。

3 イスラーム革命の思想

イラン革命は当初は様々な要素・側面を持っていた。その最大の原動力となり、革命後の権力闘争を勝ち抜き、自由主義やマルクス主義を差し置いて体制理念の地位を確立したのが、シーア派のイスラーム主義であった。

シーア派の思想が、本来は権力から疎外された非主流派の思想であったことを、前章で記しておいた。本来なら権力を継承するはずだったアリーの子孫のイマームたちが次々と弾圧・迫害に倒れた悲劇と、歴史の不正を嘆くことこそが、シーア派の信仰の中核にある。イマームが十二代で絶え、もはや世界の終末に至るまで「お隠れ」の状態にあって、現世では帰ってきて統治してくれることはない、という段階に達した以上、現世の不義の権力者による不正は、もはや正されなくて当然ということになる。それではシーア派の民は世界の終末が来るまで、ただ嘆いて暮らしていくしかないのか。原理的には、そうである。

しかし、シーア派の宗教者の一部は、イマームなき時代にも、現世において、シーア派の信徒と指導者の手によって現状変革を主体的に行なっていける、とする思想を構築していた。これがホメイニーが完成させることになる「ウィラーヤト・ファキーフ」論である。

「ウィラーヤト・ファキーフ」の理論によれば、イマームが「お隠れ」になった後の時代においては、イスラーム学者であるウラマーが、中でも特にイスラーム法学を深く理解したファキーフ（イスラーム法学者）が、イマームを代行することができる。イマームが持っていた無謬性や超自然的能力を、ファキーフは持ち得ないはずだ。しかし、ファキーフの中でも特に学識を積んだムジュタヒド（法判断を行う能力者）は、イジュティハード（独自の法判断）を下して、現代の新しい問題を解決していける、と信じる。

ムジュタヒドの中でも最高位のファキーフが、アーヤトッラー（神の徴《しるし》）として崇められるようになる。やがて、アーヤトッラーの中でも特に位の高いファキーフが「大アーヤトッラー」と呼ばれるようになり、「マルジャア・タクリード（模倣の源泉）」として、一般信徒に対する指導権を持つことが制度化された。ホメイニーは、学識と経験、法学者や民衆の支持を集めるカリスマと政治力といった様々な要素を備えて「大アーヤトッラー」の位に達した数少ないウラマー・ファキーフの一人だった。しかし大アーヤトッラーといえども、その指導権の範囲が、家庭や市場など私的な領域における法的問題を超えて、公法的な問題への判断とその実施、それも軍事を含んだ統治権力の行使をも含むようになるには、あと一歩の飛躍が必要だ。統治権力は時に「悪」をも命じなければならない。それは宗教の権威を汚すことにならないか。慎重な意見はウラマーの間にも根強い。軍事において信者を死地に赴かせることが、神でも預言者でもなく、イマームでもない、一介の人間に過ぎないイスラーム法学者に、できるのだろうか。現世の権力を握るということは、このような負の側面を抱え込むことである。それは果たして宗教者にとって望ましいことなのだろうか。

ホメイニーはこれを、神秘主義への傾倒で乗り越えた。神秘主義は、時にイスラーム教の原則を踏み越えかねない飛躍をしてみせる。神と人間との絶対的な懸隔を原則とするイスラーム教において、神秘主義は、思索や修行を通じて、神を垣間見《かいまみ》、神と一瞬でも合一する境地へと信者を誘う。イマームにしかできないはずの、信者の生死を左右する、悪をすらもたらしかねない要素を含む決断を、高位のファキーフはすることができる。これはイマームや神と同一の地平に立ちえたという、一見傲岸不遜な心境に達した神秘主義の求道者によってのみ主張できる信念だった。

ウィラーヤト・ファキーフ論は、シーア派のイマーム論を軸とした政治思想の発展形であるとともに、同時代のマルクス主義による革命論を取り入れてもいた。マルクス主義の階級闘争理論は、ホメイニーの革命思想では、シーア派特有の被害者意識に基づく「被抑圧者」による革命という観念に転化した。迫害され虐殺されたイマーム・フサインと、アリーの子孫に従う疎外された民の歴史の記憶を、現代のイランと世界の「被抑圧者」の窮状と重ね合わせ、この人類に普遍的な問題を解決し救済する隠されたイマームによる救済を一心に願うことを通じて到達した、神人合一の境地から、ホメイニーは革命の号令をかけた。これがパフラヴィー朝の抑圧的な統治に憤り、急速な近代化に戸惑い、英国・米国の介入に反発していた民衆の意思と一致した時に、イラン革命はイスラーム革命となった。

4　革命の輸出と反発

イスラーム体制を樹立したイランは、一九八〇年代、中東全域に、イランをモデルにした革命を輸出しようと試みた。イラン革命の当初の熱狂と驚異の時期には、一定の肯定的な反応が、アラブ諸国を含む中東にはあった。民族主義や世俗主義による近代化と富国強兵政策の失敗や行き詰まりが、随所に感じられていた時期でもあった。イラン革命が明らかにした、社会の底流に流れる西洋列強の植民地主義への屈辱感と怨念、西洋化を軸とした近代化政策への反発は、中東諸国に共有されていたものだった。これに対して独自の固有の価値規範による統治体制を打ち立てて見せたイラン革命は、中東諸国民の誇りの感情を喚起した。イラン革命はその当初は、概ね肯定的に中東各地で受け止められたのである。

しかしやがてイラン革命は中東に、誇りと一体感だけでなく、分断と恐怖心を触発していく。特にアラブ諸国の政権にとって、反体制勢力に革命理念とモデルを与えるイラン・イスラーム体制が脅威だっただけではない。オスマン帝国（一二九九―一九二二）の統治の時期に確立されていた、スンニ派優位の、シーア派が疎外される権力構造は、アラブ諸国の社会の深いところに根を張っていた。イラン革命でシーア派の政治的結集の理念と運動が顕在化し、それに感化され模倣する動きがアラブ諸国のシーア派の中に現われた時、スンニ派のイラン革命への共感は、恐れと敵意に変わった。

そもそもシーア派とイラン人（その多くはペルシア人）には、深い結びつきがある。ムハンマドの側近として「ペルシア人サルマーン」がいたことが知られており、イスラーム教団の軍勢に征服されたペルシア帝国の王妃はアリーの系譜に降嫁した。イラン人にとってシーア派への信仰は、アラブ人によって征服され支配下に置かれる中で、イスラーム教を「押し付けられた」という屈辱の経緯を和らげるものだった。

シーア派はアラブ世界にも広がった。しかしアラブ世界のシーア派は、歴史上もしばしば「イラン人（アジャミー）」と呼ばれ、よそ者扱いを受けてきた。民族主義によって成り立つ近代のアラブ諸国では、シーア派の国民は「イランの手先」として、敵に内通する「第五列」として、疑いの目をもって見られてきた。

イラン革命はその当初は、驚きと、固有の宗教・文明による体制樹立への共感や誇りの感情を喚起したが、やがて、アラブ世界に反発と反動をもたらした。イラクのフセイン政権はシーア派の宗教学者を追放し、有力な指導者の一族への監視を強め、シーア派信徒の儀礼の実施を妨げた。サウジアラビアはスンニ派の中でも特に厳格で復古主義的なワッハーブ派の教義を顕示的に励行して信仰心を誇示した。シーア派の革命思想の「輸出」に対抗して、スンニ派の布教活動への支援を強めた。イランの革命防衛隊による他国への介入と競って、各地の紛争でスンニ派のジハード戦士（ムジャーヒディーン）を派遣し支援した。

5　一九七九年という年

それにしても、イラン革命が起きた一九七九年という年は、重大事件の多い年だった。様々な分水嶺が、各地で同時に来る、そんな年がある。最近であれば、中東の構造変動の引き金となった「アラブの春」と、日本の東日本大震災が起きた二〇一一年は、そのような年だったと言えるだろう。

一九七九年は、中東の近代史の様々な転換点が同時に来た、画期の年である。中東を淵源とする変化がやがて世界に及んで行くことを考えれば、世界史全体にとっても、一九七九年は重要な転換点の年だったと言えよう。

この年に相次いで起こった主要な世界史上の事件を挙げてみよう。

まず、この章で取り上げてきた年初のイラン革命である。一月に、前年を通じて拡大していた反体制運動の圧力に抗しきれず、パフラヴィー朝のモハンマド・レザー・シャーが亡命する。二月にホメイニーがフランスから帰還して、反体制勢力が政権を掌握した。

この年の暮れには、ソ連がアフガニスタンに侵攻している。これに対して無神論者の共産主義者に侵略されたムスリム（イスラーム教徒）の土地を奪還せよとの呼びかけに応え、アラブ世界を中心とした中東や世界各地からムジャーヒディーンが集まり、反ソ・ジハードを戦うことになる。冷戦の最前線としてのアフガニスタン紛争を重視した米国は、一九八〇年代を通じ、サウジアラビアおよびパキスタンと共に、ムジャーヒディーンを支援して行く。

もう一つ、忘れられがちであり、日本ではそもそもほとんど知られていないが、一九七九年の十一月にも、中東で重大な事件が起きていた。それはイランとペルシア湾を挟んで向かい合うサウジアラビアの、ただしペルシア湾ではなくアラビア半島の反対側の紅海に近い、イスラーム教の聖地メッカでのことだった。十一月二十日、メッカの巡礼の中心地、全世界のイスラーム教徒が礼拝の方角にしているカアバ神殿を擁するアル＝ハラーム・モスクを、イスラーム主義の武装集団が占拠し、立て籠ったのである。指導者はジュハイマーン・アル＝ウタイビー。サウジアラビア政府は事件の鎮圧に手間取り、フランス部隊を導入するしかなかった。事件に関しては箝口令《かんこうれい》が敷かれ、それほど詳細に伝わっていない。しかしその後のサウジ王政は、民衆の間で高まるイスラーム教信仰と、その政治的な動員力に怯え、それに対抗し、率先して保守的なイスラーム主義思想を唱道して行く。ワッハーブ派の思想では、ムハンマドの死後の時代に付け加えられた「逸脱」を強く忌避する。ワッハーブ派と連合してサウード家がアラビア半島に拡大し、聖地メッカ、メディナを掌握した際には、ムハンマドやその子孫の聖遺物を祀《まつ》った廟《びょう》を破壊し、それを信奉するイスラーム教徒を多く殺害したほどである。ワッハーブ派の観点からは、人間に過ぎないイマームたちに無謬の超自然的な能力を認め崇拝するシーア派は、異端で背教者ですらあると認識された。サウジアラビアは国家の宗教教育にワッハーブ派的解釈を取り入れ、教科書の中でも、自国民にも一定数存在するシーア派が信奉する要素を異端と断じた。反シーア派的な解釈を国内の公定の規範として広めるだけでなく、国際的にも、サウジ系の宣教団体に資金と人員を支援して、宣伝していった。このように、一九七九年にサウジの国内でも、後に国内外で宗派対立を激化させていくきっかけとなる事件が生じていたのである。

6　「一九七九年以前のサウジ」？

「一九七九年」がこのように、中東の現在を規定するいくつもの画期が重なって生じた年であることは、中東に関わる人の間では広く知られている。しかし近年に、この「一九七九年」の意味を拡大解釈するような、政治的な印象操作やプロパガンダにつなげるような情報発信が、中東の政治権力者と、そこに連なる米国の有力なメディア関係者によって、行われている。

近年盛んに行われている情報発信の内容と、その意味するところは、要約すれば「サウジアラビアのイスラーム教信仰は、一九七九年以前に戻れば穏健だった」というものである。この種の議論を世界的に打ち出したのが、二〇一七年十一月七日にニューヨーク・タイムズ紙に掲載された「注目——サウジの皇太子は急いでいる」と題する記事だ。書き手は、『レクサスとオリーブの木』でグローバル化の旗振り役を務めた著名なコラムニストのトマス・L・フリードマンである。フリードマンはサウジアラビアのムハンマド・ビン・サルマーン皇太子との間で行なった、独占的な会話の内容を伝える。フリードマンによれば、ムハンマド皇太子は次のような歴史観を披瀝《ひれき》したという。ムハンマド皇太子曰く、サウジが主導してきたイスラーム教スンニ派の厳格な教義や、それに基づくイスラーム主義の過激派の思想と運動、そこから発生したテロリズム、これらはいずれも、「一九七九年」以降に現われた、最近の現象なのだという。

一九七九年に生じた、イラン革命、メッカ占拠事件、ソ連のアフガニスタン侵攻という三つの出来事が、サウジアラビアのその後の政策を決定づけた、という点については、外部の客観的な専門家にも、それほど異論はないだろう。しかしムハンマド皇太子と、そのスポークスマンのようになっているフリードマンは、いつの間にか、この三つの出来事のうち、あたかもイラン革命だけが変化の要因であるかのように話をすり替えていく。サウジアラビアの政府は、イランによる過激なイスラーム革命の輸出と煽動に対抗するために、嫌々ながら保守化したのだ、仕方なくジハード戦士に資金を与え、その結果サウジ人も過激化してしまったのだ、という印象を、事情をよく知らない人には与えるように記事は書かれている。そこから、ムハンマド皇太子は開明的な改革者であって、「ビジョン二〇三〇」と題した肝いりの大胆な改革政策により、サウジアラビアの政治と社会を刷新していく、という印象や期待感を醸し出す。サウジアラビアの政治や社会をこれまでの正反対の方向に導くような変革を、短期間に、経験の浅い皇太子が達成することが、果たして可能なのか？と当然に疑問が湧くだろう。それに対して、「一九七九年以前のサウジの宗教信仰は穏健だった」という説により、あらかじめ答えておくのである。

一九七九年を境にして、サウジアラビアの宗教政策が厳格化したことは、一定の真実を含んでいるだろう。しかし、サウジアラビアはそもそも建国の際の大衆動員や、支配の正統性の確保において、ワッハーブ派に依存し、重用・保護してきた。それはイラン革命やソ連のアフガニスタン侵攻よりも遥か以前に遡る。一九七九年にメッカ占拠事件を起こす過激派が生まれるには、それ以前の長い準備期間が必要である。それはサウジの宗教統治に反対して生じたというよりは、サウジのそれまでの宗教統治の結果として生まれたと考えるのが順当だろう。

一九七九年以前に戻りさえすれば、サウジアラビアの宗教解釈は穏健で、外の世界に対して開放的である、一九七九年以前は、女性は社会で活躍していた——これらはいずれも定かではない。おそらくはかなり実態からかけ離れている。イラン革命さえなければサウジは先進的で近代的な社会となっていたはずであり、今からでも遅くはない。サウジは一九七九年以前に戻るべきだ、自分が今進めている改革ではそれを行う、という、このフリードマンの記事の発表を境に、事ある毎にムハンマド皇太子およびその息のかかったメディアと知識人が盛んに発信するようになったストーリーは、「諸悪の根源はイラン」であるという米国に広まった通念に訴えることで、説得力を帯びる。イラン革命さえなければ、サウジは穏健だった、という説は、ワッハーブ派と深く結びついたサウジの建国の経緯や、サウジが緩みなく世界に広めてきたワッハーブ派を含むスンニ派の厳格な教義や、サウジの資金供与に支えられて遂行された各地のジハードの過程で行われた武装闘争やテロリズムの帰結を考えれば、言葉を失うような無責任さであり、フェイク・ニュースや仮想現実、そして歴史修正主義の誹《そし》りを免れないものだ。しかしそこでイランに責任を転嫁することで、テヘラン米大使館占拠人質事件の記憶をなおも引きずる米国の世論の支持を得ようとする。これをフリードマンがあたかも客観的な事実であるかのように無批判にコラムに書き、それをリベラル派の筆頭であるはずのニューヨーク・タイムズが載せるという事実は、現代世界のありようを示していると言えるだろう。報道の倫理とは、中立客観性とは、リベラルな価値規範とは、より強い力の前には、それらを最も強く主張している者たちによって、時に堂々と棚上げにされるものなのである。

しかしフリードマンには「前歴」がある。サウジアラビアの前国王のアブドッラーが、皇太子としてすでに摂政を務めていた二〇〇二年、フリードマンは中東和平の「アブドッラー・プラン」をスクープした。スクープしたと言っても、これはフリードマンとアブドッラー皇太子との間の会話の中で出てきたという形式をとっているため、実際上は「フリードマン・プラン」のようにも見える。そして、アブドッラー・プランなのかフリードマン・プランなのかが不明なところも一つの鍵なのだろう。責任や主体を曖昧にしたまま、フリードマンとニューヨーク・タイムズの情報発信力を使って、観測気球が上がる。それによって中東国際政治の軸や方向性が示される。

フリードマンは日本ではグローバル化の論客の側面のみが知られるが、ユダヤ系としてイスラエルとの関係を持ちながらレバノンの首都ベイルートの特派員も経験し、イスラエル・アラブの両方に通じた中東専門のジャーナリストとしての名声をまず確保して世に出た人である。出世作は『ベイルートからエルサレムへ』。彼は当然のようにイスラエル報道に強いだけでなく、アラブ諸国の有力者、それも首脳が、自らの意見を国際社会に発信したい時に、フリードマンとニューヨーク・タイムズを使う、ということがしばしば生じる。近年はムハンマド皇太子との「癒着」とすら見えかねない関係の深さが顕著である。

ムハンマド皇太子は、二〇一五年一月に父サルマーンが国王に就任し、自身が当時のムハンマド・ビン・ナーイフ皇太子に次ぐ副皇太子に任命されてから急速に台頭した。経歴や生年すら当初は不明であった。欧米留学経験がなく、ドメスティックな取り巻きに囲まれているとされていたムハンマド副皇太子（二〇一七年六月にムハンマド・ビン・ナーイフ皇太子をサルマーン国王が解任し、副皇太子から皇太子に）の資質が、様々に取り沙汰された。ドイツの諜報機関がムハンマド皇太子を「衝動的」と評したレポートがこの年十二月初頭に国際メディアにリークされるほどだった。それに対してフリードマンは、二〇一五年十一月二十五日付のニューヨーク・タイムズのコラムで、皇太子との独占会見について大々的に記した。題して「サウジアラビアからの手紙」。まるでメッセンジャーである。

それまで秘密のヴェールに包まれていたムハンマド皇太子を開明的な新世代の君主として描いた、最初の事例の一つだろう。この時期、英国のエコノミスト誌やフィナンシャル・

タイムズ紙など、英語圏の最有力の媒体にサウジはアプローチし、不安視の払拭を試みる会見記事を掲載させていたが、その中でも特に皇太子の資質と能力を絶賛・礼賛したフリードマンのコラムが、現在の肯定的な報道の雛形《ひながた》を提供したと言えるだろう。有力メディアを通じた国際PR活動の過程と成果が、これほど明瞭に残っている事例も珍しい。

米国もまた「空気を読む」社会である。ユダヤ系でアラブ世界にも強く、米国政財界にも中東政界にも人脈を持ち、リベラル派の最有力紙ニューヨーク・タイムズのコラム欄を押さえているフリードマンに対して批判を行うのは、メディアや言論人にとって様々な意味で難しい。フリードマンとニューヨーク・タイムズをつかんでいることで、ムハンマド皇太子は、隣国イエメンへの軍事介入とその泥沼化・人道危機の発生、国内の政敵への粗暴で人権侵害とも取れる弾圧などへの批判を和らげ、王位継承への道を進んでいる。

確かに、一九七九年のイラン革命は世界史上の、そして中東政治の、大きな転換点であった。サウジの保守化が、部分的にはイラン革命に対抗する政策の結果として進んだという歴史記述にも、一片の真実は認められよう。しかし、十九世紀にすでにサウード家と同盟を結んでアラビア半島制圧の原動力となったワッハーブ派が引き起こした事象とその影響を、何もかもイラン革命の影響にしてしまうのは、無理がある。ましてや、一九七九年に起きたメッカ占拠事件がこの年初頭のイラン革命の影響とは考えにくい。しかしムハンマド皇太子とフリードマンの合作による「一九七九年＝イラン革命が諸悪の根源」論は、いわば「好都合な真実」として、しばらくの間、中東の国際政治の議論の軸となるだろう。

第4章　イラク戦争が解き放った宗派対立

1　イラク戦争

中東に宗派対立を解き放ったのは、イラク戦争だった。米国はイラク戦争でサダム・フセイン政権を放逐し、民主的な新体制の設立を標榜し、実際に設立した。その結果はどうだったのか。イラクで多数を占めるシーア派（人口の六四―六九％）が、初めて国家の権力を握ることになってしまった。

民主的な選挙の手続きを通して、多数派が権力を掌握することの、いったい何が悪いのか。ドナルド・ラムズフェルド国防長官をはじめとした、イラク戦争を推進した米ジョージ・W・ブッシュ政権の高官は、そう言うかもしれない。実際、フセイン政権時代に抑圧されていたシーア派が、宗教儀礼を実践する権利や政治参加の権利を獲得し、新体制設立に積極的に加わったことは、それ自体悪いことではない。しかし、自由な選挙を実施したところで、人々が宗派の枠で投票するのであれば、それは常に多数派の宗派が勝利する

「多数派の専制」をもたらしかねない。生まれつきの属性によって常に負けることが決まっている選挙であれば、なぜそれに参加することに意味があるのか、と考えてもおかしくない。イラクでは人数で劣るスンニ派アラブ人が、勝てない選挙をボイコットする。するとボイコットされた選挙で選ばれた政府が、選挙に積極的に参加しなかったことでその分さらに少ない代表者しか国会や政府に送りこめなかったスンニ派アラブ人主体の地域の住民に、いっそう不利な政策を行う。それに対する反発からスンニ派主体の地域が中央政府に反旗を翻し、反体制組織を養うようになる。それを政府が弾圧し、住民は一層疎外され、中央政府への憎しみを募らせていく……この悪循環のサイクルが、急激に回り始めた。

これはイラク、特に首都のバグダードが歴史上、イスタンブールを首都としたスンニ派主導のオスマン帝国の支配に服することで、伝統的にエリート・支配階層がスンニ派によって構成されていたという経緯がある。フセイン政権もスンニ派優位の支配構造を継承していた。フセイン政権の軍事的な打倒、そして占領統治の中で米国が推進した、フセイン政権とその支配政党だったバアス党の影響を根絶しようとした急進的な政策が、イラクの社会に根拠を持つ権力構造を、根こそぎ破壊した。

フセイン政権の権力構造が破壊されていくのと並行して急速に顕在化したのは、フセイン政権下で弾圧されていたシーア派の信徒たちの繋がりの強さであり、宗教指導者たちの統率力だった。地元の宗教権威の教説に耳を傾けて結束し、宗派のアイデンティティで団結し、圧政や疎外に耐えてきたシーア派の信者の社会的まとまりと、その数こそが、民主主義の基本となる多数決の政治、そのための選挙において、有効に活用できるものだった。

しかも、スンニ派優位の支配体制を取り除き、シーア派の台頭を許したのが、米国の軍事侵攻という外部からの暴力だった。このことは、自由で公正な選挙を通じて選ばれた国会とそこから選出された内閣や、この国会において起草された憲法の、正統性を損なうものだった。

イラクでのシーア派主導の政権の誕生という事態は、米国にとっても「痛し痒し」というところがあった。フセイン政権が倒れればイラクでシーア派の勢力が台頭し、それを通じてイランの影響力の拡大をもたらしかねない。この見通しがあったからこそ、一九九一年の湾岸戦争では、米国はイラク軍をクウェートから放逐するにとどめ、イラク領内への進軍をほとんど行わなかった。米国のジョージ・H・W・ブッシュ大統領による蜂起の呼びかけを受けて立ち上がったイラク南部のシーア派の反乱勢力を米国は見捨てた。

イラン革命以来、イランのイスラーム革命体制こそが、米国の中東における主要な敵国だった。イランを封じ込めることが最大の課題であり、そのためにイラクでフセイン政権を支援してきたという側面がある。反米を掲げ、米国と深い関係を持つイスラエルを打倒すると脅すイランのイスラーム革命体制を抑止し、可能であれば政権を転覆することが、米国の対中東政策の基本路線だった。一九九〇年のイラクのクウェート侵攻でフセイン政権との同盟的な関係は絶たれたものの、フセイン政権の打倒がもたらすペルシア湾岸地域の勢力バランスの変化、それによるイランの台頭を避けることが、より大きな課題であり、そのためにフセイン政権の打倒は棚上げにされた。

二〇〇一年に、湾岸戦争時のブッシュ大統領の子であるジョージ・W・ブッシュ大統領が就任したばかりの、まだ世界戦略の方向性が定まらなかったところに、米本土を連続テロで襲う九・一一事件が発生した。選挙戦中はむしろ対外関与に消極的な内向きの姿勢を見せていたブッシュ大統領が、「対テロ戦争」に「使命」を見出して、これを米国の中東政策、そして世界戦略の主軸と定めた。ここに、ブッシュ政権内にいたネオ・コンサーバティブの勢力が温めてきた「フセイン政権を打倒して、イラクを民主化し、そこから拡大中東地域全体に民主化を広める」というアジェンダが日の目を見た。テロ事件の直後から、ブッシュ政権中枢で「フセイン政権の関与を見つけ出せ」という声が上がった。九・一一事件とフセイン政権の関係は何ら見出せなかったが、様々な情報発信により、米世論にはフセイン政権が九・一一のテロに関わっていたという偽りの印象が定着した。ブッシュ政権は大量破壊兵器の製造と隠匿という、のちに偽りと分かった問題でフセイン政権を非難し、二〇〇三年三月の開戦に突き進んでいった。

これはイランの封じ込めと打倒を最大の目標とする従来の中東政策からは大きく逸脱する。しかしテロを根絶するためには中東の民主化が必要であり、それはイラクから始まる、というネオ・コンサーバティブの理論をブッシュ大統領は取り入れた。そこには、自らの大統領職に崇高な使命をもたせたいという、プロテスタント的な宗教心が介在していたかもしれない。また、尊敬する（反発もする）父ブッシュ大統領の果たせなかったフセイン政権打倒という課題を達成したいという、個人的な動機づけに大きく影響された野心もあったかもしれない。しかしこれは米国の世界戦略を、それまでの路線から大きく外れさせ、漂流させていく。

米国がイラクのフセイン政権の打倒へと舵を切り、イラクにシーア派主導の政権の設立を許したことは、中東における米国の同盟国の目算を、大いに狂わせた。イラン革命以来、米国はイラン抑止・封じ込めのために中東現地の同盟勢力を求め、見出し、育ててきた。米国と「石油と安全保障の交換」によって結びついてきたサウジアラビアと、一九七九年のイラン革命以後にこれに対峙する勢力として重要性を増したフセイン政権下のイラクが、ペルシア湾岸の二つの同盟国だった。これに一九七八年のキャンプデービッド合意、翌年の平和条約締結でイスラエルとの和平に踏み切ったエジプトが加わって、中東地域における親米陣営が形成された。

だが、フセイン政権が一九九〇年のクウェート侵攻・一九九一年の湾岸戦争で米国と袂《たもと》を分かち敵対関係に入って以来、米国はペルシア湾岸において、イランとイラクという二つの大国を敵にするという苦しい状況に追い込まれた。

イラクのフセイン政権打倒と親米政権の設立は、米国のペルシア湾岸における優位を再び万全なものとするはずだった。しかしイラクの新体制がシーア派主導で設立され、それに対して宗派対立が勃発し、米国が対処に決め手を欠く中で、イランの影響力が強まり、米国の対中東政策に狂いが生じていった。父ブッシュ大統領は湾岸戦争の勝利に際して

「新世界秩序」の到来を誇った。冷戦後の唯一の超大国としての米国の支配が、父ブッシュのやり残したフセイン政権打倒とイラク民主化を自らの手で成し遂げようとする息子ブッシュ大統領による、帝国の過信と過剰膨張と言うべきイラク戦争への突入をきっかけに崩壊を始めたのは皮肉である。

2 「任務完了」果たせず

米国のイラク統治はどこから変調をきたしたのだろう。フセイン政権打倒の軍事行動が、あまりにも首尾よく行き過ぎたことも、一因となっているだろう。狭義の「イラク戦争」、すなわち二〇〇三年三月から四月にかけてのフセイン政権打倒の軍事行動は、圧倒的な物量と技術力によって米国優位が揺るがない中で、迅速に進んだ。しかしそれによって米国の政権内で、米国の力と、そしてその掲げる価値規範についての過信が強まり、対イラク政策・中東政策の意思決定過程のバランスが崩れたことが、イラク社会の分裂、宗派対立の激化、イランの台頭へとつながる一連の政策を採用させる原因となった。

ブッシュ大統領は二〇〇三年五月一日、ペルシア湾岸での戦闘任務から母港に戻る途中、カリフォルニア州サンディエゴ沖合にいた米航空母艦エイブラハム・リンカーン上に海軍機に乗って着艦、フライトスーツに身を包んで降り立ち、「任務完了（MISSION ACCOMPLISHED）」という横断幕の前で兵士たちに向け演説を行なった。演説はテレビで世界に中継された。これが間もなく「任務完了」演説として思い返され、しばしば嘲笑の的になる。言うまでもなく、フセイン政権を打倒しただけではイラクでの任務は「完了」しなかった。駐留米軍と、米国に支持された新政権に対するテロが相次ぎ、それはやがて「スンニ派とシーア派」の間の「宗派対立」（あるいは「宗派紛争」）と形容されるものに転化していった。

なお、ブッシュ大統領自身は五月一日の演説の中で「任務完了」とは言っていない。「イラクでの大規模な戦闘作戦は終了した」と謳いながらも、「我々のミッションは続く」「この先にイラクで困難な仕事が待ち構えている」と言っている。フセイン政権崩壊後のゲリラ戦への対処、イラクの占領統治、新体制設立といった課題の困難さは、ブッシュ大統領と政権の担当者たちも、もちろん理解していたと思われる。宗派対立の危険性も、専門家の間では一つの重要な危険なシナリオとして指摘されていただろう。しかし初期の戦況の好調さから、イラクには急速な民主化を受け入れる素地があると、米政権内で誤解されたことが、のちに混迷をもたらす致命的な判断の誤りを導いた。

転換点は、政権崩壊の直後、イラクを管理する復興人道支援局（ＯＲＨＡ）の局長として赴任間もないジェイ・ガーナーを解任して、ポール・ブレマーを連合国暫定統治機構（ＣＰＡ）を率いる文民行政官として派遣したことだろう。イラクの既存の統治機構を生かし、小規模の粛清にとどめ、早期に選挙を行なってイラク人によって選ばれた代表者たちに統治の権限を委ねようとしていたガーナーが更迭され、代わりに責任者となったブレマーは、選挙を取りやめて直接統治に乗り出し、バアス党の解体、旧軍人やバアス党員の包括的な粛清に踏み切った。野に放たれた旧軍人とバアス党員は、イラクの統治を担ってきた人員であり、住民の構成から、隠匿された武器の在《あ》り処《か》までを知り尽くしていた。フセイン政権の要員を上から下まで丸ごと犯罪人化し疎外したブレマーの政策は、イラク新体制設立に重大な負の帰結をもたらした。

3 「同盟者としてのシーア派」

米国が急速な民主化を可能と楽観視したのは、侵攻に際したシーア派の宗教指導者の反応も一因となっている。アリー・スィスターニー師はイラク国民に向けてファトワー（法判断）を出し、侵攻する米軍に抵抗するなと呼びかけた。これは米国では端的に、イラクの多数を占めるシーア派が親米的であると受け止められた。

また、米軍が首都バグダードを陥落させて間もない二〇〇三年四月二十二日に、シーア派のアルバイーンの巡礼の日（第2章65—66ページ参照）が巡ってきた。シーア派の第三代イマームでアリーの次男のフサインがカルバラーの地で殉教したアーシューラーの日から四十日目の日に、シーア派の信徒はフサインの死を悼み、裸足でカルバラーへの巡礼に集う。アルバイーンの儀式はフセイン政権時代には大々的な実行を禁じられてきたが、フセイン政権の崩壊で、禁令が自然に解かれた。ちょうどこの年のアルバイーンの日が、フセイン政権からの解放・自由を祝う大規模な祝祭となった。人々はおそらく、フセイン政権の圧政からの解放と、宗教儀礼の励行の自由のいずれにも歓喜したのだろう。澎湃《ほうはい》と現われたアルバイーンの祭礼に集う群衆の姿もまた、この時点では米国において、好意的に受け止められていた。米国の侵攻によって、宗教的に差別されていた集団が、宗教儀礼の実行の自由を得て、それを行使し、歓喜しているかのように見えた。しかも、その集団がイラク人口の中で最大の多数派だというのである。米国流の自由と民主主義を中東に広めることを究極の目的とする米軍の侵攻は、イラクで受け入れられたかに見えた。

しかしアルバイーンの儀礼が、米国への親しみや感謝の表明でも、米国型の多元的な民主主義の受け入れを意味するものでもないことは、やがて明らかになっていく。また、シーア派の儀式の解放は、内心でシーア派を見下し、逸脱・邪教とみなすこともあるスンニ派の感情を刺激した。翌二〇〇四年のアーシューラーの儀式にはアル＝カーイダによるテロが起き、その後アーシューラーとアルバイーンの儀式は宗派対立の焦点となっていく。この二つのシーア派の祭礼の日に、シーア派の信徒が結束を再確認すると共に、スンニ派が脅威認識や疎外感を新たにする、国家を分断する儀式ともなってしまった。

また、スィスターニー師が主張していたのも、親米思想ではなかった。ただしそれは一種の民主主義思想であったとは言える。ホメイニーの革命思想のように、少数の指導層が、法学者の超越した権威や能力を想定して、強権的に「正義」を実現するのではなく、民衆の意思を多数決で表出することによって神の意思を実現しなければならない、とするのがスィスターニー師の路線である。これはホメイニーの法学者による統治論とは別の、民衆の意思を重視する神学政治論だった。米国の占領統治に適応しつつ、米国の介入を徐々に退けて、イラク人の権利を回復することを民主主義の理念から主張するものであると共に、イラクのスンニ派優位の体制を覆すためにも有効な議論だった。スィスターニー師が米国を欺くためにこのような教説をなしたとは言えない。それはシーア派の潮流の中に元来ある、ホメイニー流の法学者の統治論とは異なる、別の有力な思想を汲《く》んでいるのである。

また、スンニ派だけでなく、シーア派も反米・民族主義勢力を擁していた。若い宗教政治指導者ムクタダー・サドルの台頭はその代表である。シーア派の宗教的儀礼の自由の獲得、政治参加や結社の自由の行使は、長い間のスンニ派支配に対する復仇《ふっきゅう》の感情を一部に伴うものだった。そこに宗派対立の芽がすでに胚胎《はいたい》している。スィスターニー師のような主流派の指導層は、宗派対立を戒める教説を常に発していた。しかしそれでも抑えられない紛争は、やがてスンニ派とシーア派それぞれの民兵組織の形成と、相次ぐ報復合戦をもたらした。

4 イラク新体制の設立と宗派問題の浮上

「シーア派とスンニ派の宗派対立」という図式は、二〇〇三年から二〇〇六年にかけて、イラク新体制発足の過程で定まっていった。

二〇〇三年四月に発足した連合国暫定統治機構は、同年七月に、イラク人による行政・立法機関として二十五名からなるイラク統治評議会を任命したが、その過半数の十三名がシーア派アラブ人だった。イラク統治評議会の初代議長には、シーア派政党ダアワ党の代表を務めていたイブラーヒーム・ジャアファリーが選出された。「ダアワ」とは「宣教」を意味する。ダアワ党はフセイン政権下では弾圧され、幹部の多くが処刑や投獄の憂き目にあったが、逃げ延びた者は、一方でイランに、他方で英国や米国に亡命し、在外反体制活動を行なってきた。フセイン政権時代に活動を制限されていた野党、それもシーア派を主体とし、イランに関係が深い政党が、米国の支援を受けて、イラクの支配勢力となって帰って来る。このことに、イラクの旧支配層の多くを占めたスンニ派が不満を感じるだけでなく、周辺のアラブ諸国の、多くはスンニ派からなる支配層も、警戒の念を抱き、表明するようになった。「宗派対立」が、イラクの新体制設立プロセスを揺るがし頓挫させかねない問題として認識され始めた。

「宗派対立」を避ける、という問題意識は、新体制設立プロセスで重要な課題として浮上した。イラク統治評議会は翌二〇〇四年五月に暫定政権を指名し、六月に政権が発足したが、ここではジャアファリーは副大統領に退き、大統領にはスンニ派アラブ人のガーズィー・ヤーワルを指名した。もう一人の副大統領にはクルド人が選ばれた。しかし大統領と二名の副大統領はいわばイラク社会の三勢力を代表する象徴的存在で、行政の実権は首相が掌握することになった。この首相に選ばれたのがイヤード・アッラーウィーで、シーア派ではあるものの、ジャアファリーらのダアワ党には属さず、スンニ派を多く含む世俗的な政治勢力である「イラク国民合意」の指導者だった。シーア派が多数であり台頭しつつあるという現実を認めながら、シーア派とスンニ派を橋渡しできる人物を指名することで、圧倒的な動員力を見せはじめたダアワ党に全権を与えることを避ける判断だった。しかしこれは選挙を通さずに暫定政権を任命できたからこそ可能になることだった。

二〇〇五年一月に、フセイン政権崩壊後最初の国民議会選挙が行われる。ここでシーア派政党のダアワ党を中心とするシーア派政党連合の統一イラク同盟が勝利し、四月にダアワ党代表のジャアファリーを首班とするイラク移行政府が発足した。ここでは大統領にはクルド人政党のクルド愛国同盟（ＰＵＫ）の党首ジャラール・タラバーニーが就任する。シーア派政党のダアワ党と、自治と独立を目指すクルド人政党の連合によって、スンニ派勢力は圧倒的な少数派の地位に追い込まれることになった。シーア派とクルド人の主導する国民議会とそれが選出した移行政府の下で、この年十月に新憲法が制定される。新憲法に基づいた十二月の国民議会選挙でも再びシーア派政党連合が多数を占めた。スンニ派の側にも宗教政党が台頭した。

新憲法の下で選ばれた初めての議会が選出する正式政府の組閣は、もつれにもつれる。二〇〇六年五月に正式政府が発足するまでの間に、宗派集団間の衝突が相次いだ。シーア派の武装民兵を擁して台頭し、スンニ派の武装集団との衝突の先兵として名を馳せたムクタダー・サドルとその配下の集団の扱いが大きな問題となった。移行政府のジャアファリー首相の、サドル派民兵との連合が疑われた。アッラーウィー元首相は内戦の危機を訴えた。ここでダアワ党の中から、シーア派とスンニ派の協調を可能にする人物としてヌーリ・カメル・マーリキーが推挙され、首相に選任された。マーリキー内閣の組閣が可能になり正式政府が発足したのは五月二十日のことだった。しかしこの時までに、宗派対立は現実のものとなっていた。マーリキー首相はイラクの事実上の宗派内戦に、米軍の支援を受けて対処することを主要な任務として担った。シーア派側の武闘派の「跳ねっ返り」とも言えるサドル派を抑制する武力を中央政府に集める過程で、マーリキー首相自身も事実上民兵集団を抱え動員する立場になった。イラク中部を無法地帯と化したスンニ派アラブ人の武装勢力に対しては、ブッシュ政権は米軍の大幅増派を行なって押さえ込んだ。米軍の支援によって増強されたマーリキー首相は次第に強権化を批判されるようになり、その統治はやがてスンニ派の離反を招き、スンニ派武装勢力のさらなる展開、そして「イスラーム国」へとつながるイスラーム過激派の台頭を招いた。

バアス党員の政府からの粛清により、政治指導者や軍人の多くが、地下に潜り、反体制勢力を構成した。その多くがスンニ派であるのは必然的だった。スンニ派が歴史上抱いてきた支配者意識が、米軍の侵攻と、選挙によるシーア派の台頭で侵害され、それまで下層民と見ていたシーア派の支配勢力への上昇を目にしながら、粛清の対象となり日々の職にも事欠くことになったスンニ派アラブ人の有力者は、反米武装勢力の中核をなした。

反米武装勢力の一角に現われたのが、イラクのアル=カーイダである。イラクのスンニ派の疎外という環境条件に助けられ、イラク西部のアンバール県や、それに接する、部族的・宗派的な関係の濃いヨルダンやシリアのネットワークとつながり、イラクのアル＝カーイダは米国に対する、そしてイラク新体制の政府に対する武装闘争を展開していく。そこで反米・反政府というだけでなく「反シーア派」の宣伝が盛んに行われた。これはヨルダン出身のアブー・ムスアブ・ザルカーウィーの主導によるもので、スンニ派の住民の宗派意識に火をつけ、政府をシーア派の異端とみなす宗教的な感情に押されて、反政府運動が激化していく。

宗派対立が決定的になったのは、二〇〇六年二月のサーマッラーのアスカリーヤ廟（シーア派の十代、十一代イマームの廟とモスク）の爆破である。この事件を契機に、シーア派とスンニ派の民兵集団が、バグダードなど宗派混在地域で、夜中に一軒一軒を襲撃し、異なる宗派の住民を虐殺するという事件が相次ぐ。

5　米国のイラク三分割論

このような、宗派間の対立が深まるイラク情勢を鎮静化するための方策として、米国では、イラクをスンニ派とシーア派とクルド人の三つの領域に分ける「イラク三分割論」がさかんに提起されるようになる。代表的な提唱者が、クロアチア大使などを歴任したピーター・ガルブレイスである。二〇〇六年のその著作『イラクの終焉』は広く読まれ、のちにオバマ政権の副大統領となるジョー・バイデン上院議員もこれを採用したとされ、イラク政策の「セカンド・オプション」「プランB」として、「バイデン・プラン」とも呼ばれて取り沙汰されるようになる。

「ガルブレイス」と言うとその名前に聞き覚えがある世代の方も居るかもしれない。ピーター・ガルブレイスは、一九六〇年代から八〇年代にかけて日本でも有名だったエコノミストのジョン・ケネス・ガルブレイスの子息である。父ジョン・ケネス・ガルブレイスは、『大恐慌——その教えるもの』、『ゆたかな社会』、『不確実性の時代』などがいずれも日本でベストセラーになった著名なエコノミストで、米ハーバード大学の教授だったが、その息子のピーターは冷戦後にバルカン・旧ユーゴスラビアの民族紛争・地域紛争への米国の対処・関与に携わる。民族紛争・地域紛争の泥沼に陥った旧ユーゴスラビアを分割し、複数の民族国家を成立させていくのに米国から関与したピーター・ガルブレイスだが、その経験をイラクにも生かして、こちらも分割してしまおう、というのは、いかにも安直だが、このプラグマティズムが米国の真骨頂とも言えよう。

6 「シーア派の弧」への警戒

ガルブレイスのイラク分割論は、アラブ諸国の統治階層の危機意識と絡み合っていた。イラクでシーア派が台頭し権力の座につくことが、スンニ派の支配が定着しているアラブ諸国にとっては不穏な展開であるだけでなく、隣国イランがイラクに影響力を及ぼし、中東のアラブ世界の中心地である「肥沃な三日月地帯」の覇権国として台頭することへの、警鐘が鳴らされた。

イラクのシーア派の住民は、アラビア語を母語としており、イラン人ではない。しかし、シーア派の宗教指導者や政治指導者は、フセイン政権の支配下で、イランに亡命していた時期を多くが持っており、その意味でイランとの繋がりは深い。また、宗教指導者の教学ネットワークはナジャフやカルバラーといったイラクの都市を中心拠点とし、イランやレバノンと人的に繋がっている。一般信徒の巡礼路も、イランからイラクへ、そしてシリアへと繋がっている。もちろんイラン政府がイラクの政治家や市民を指揮命令系統の下において自由に動かせるわけではない。しかしイラクの政権転覆とシーア派主導の政権の誕生、そしてイラクのシーア派市民の宗教的・政治的な活性化と自由化によって、イランはイラクからシリアを経てレバノンに至る地域を、活動範囲にできるようになった。フセイン政権の打倒とイラクの民主化は、イランに戦略的な活動の場を与えたのである。そこにイランが自在に展開するようになることで、中東の国際秩序は再編されていく。

これに対する危惧の念を、早期に巧みに発信したのが、ヨルダンの国王アブドッラー二世である。アブドッラー国王はシーア派の台頭を「シーア派の弧」と形容し、これが中東をめぐる国際世論の軸を作っていく。ヨルダンはイラクとイスラエルの間に挟まれた、資源も人口も少ない小国だが、国のサイズに見合わない存在感を国際社会で見せることが多々ある。その一つの要因は王家の特性である。ヨルダンの王家はアラビア半島ヒジャーズ地方のメッカやメディナ付近に元来は勢力を持っていた由緒正しい家系で、ムハンマドの属すハーシム家という名家である。アラブの部族的な系譜を正統性の一つの根拠とするスンニ派のイスラーム法的にも万全の血筋である。とはいえ、その威信はイスラーム世界の外ではあまり通用しない。

ここで重要なことは、アブドッラー二世の母親は英国人で、国王はネイティブとして英語を話すということである。半分欧米人の血が入っており、訛《なま》りのないクィーンズ・イングリッシュを話すアブドッラー二世の発言や演説は、欧米の指導層に対しても、あるいはメディアを通じた欧米の一般世論にも、大変に受けがいい。アブドッラー二世は、ヨルダンという国の規模やパワーをはるかに超えた、欧米のエリート社会や市民社会における存在感や発信力がある。

さて、このアブドッラー二世の「シーア派の弧」発言である。欧米の歴史・地理認識では「肥沃な三日月地帯」という概念が定着している。古代オリエント史の時代において、ティグリス・ユーフラテス河の下流から上流を経て、シリア・パレスチナまで（あるいは場合によってはエジプトのナイル河畔にまで）つながる大きな三日月状の地帯が、豊富な水源に恵まれて豊かな穀倉地帯を抱え、都市と文明を育んで来た。これを西欧世界ではオリエント世界への憧れを込めて「肥沃な三日月地帯」と呼んできた。アブドッラー二世はこのような欧米の視線を巧みに逆手に取り、これと地理的に重なり響きあう「シーア派の弧」という表現を用いて、立ち現われてくる過程にあった新しい現実への認識を迫った。「シーア派の弧」という表現は、イランからイラク、そしてレバノンへと「肥沃な三日月地帯」に跨《また》がって、抑圧されてきたシーア派が台頭して既存の秩序を揺さぶり、そこに「悪の勢力」としてのイランが影響力を及ぼしてくる、という印象を欧米の市民社会に伝えるのに十分な力を持っていた。

これに呼応するように、シーア派とそれにまつわる宗派対立の問題を、中東問題の新しい主要課題として提示し、認識を定着させたのが、二〇〇六年に刊行されたヴァリー・ナスルの著作『シーア派の復活　いかにしてイスラーム世界内部の摩擦が未来を作るか』だろう。ナスルは、現在、ワシントンDCのジョンズ・ホプキンズ大学高等国際問題大学院（SAIS）の学院長。SAISは米国や各国の外交官の養成を担う有力な大学院で、政策論者の登竜門のような場所である。そこの学院長となったナスルは、中東系アメリカ人の政策論者として「出世頭」と言ってもいいだろう。

ナスルもまた、イスラーム思想やイラン文化に詳しい人は、もしかすると似た名前を聞いたことがあるかもしれない。ヴァリー・ナスルの父サイイド・フセイン・ナスルの『イスラームの哲学者たち』（黒田壽郎・柏木英彦訳、岩波書店、一九七五年）は、イスラーム神秘主義思想に関する代表的な著作として長く読まれてきた。サイイド・フセイン・ナスルはイラン人で思想研究者であるが、長くワシントンのジョージ・ワシントン大学で教えていた。ヴァリー・ナスルはワシントンの「インサイダー」であるイラン系アメリカ人の有力者の家系に生まれたと言っていいだろう。なお「サイイド」を名前の前につけている人は、中東ではムハンマドの血筋を引くとされる高貴な家系に連なることを意味する。

そのような、移民系で中東に（それも有力な家系の）情報源があり、かつ米国のエリート・エスタブリッシュメントの一角に親の代から入っている有力な政策論者が、二〇〇〇年代半ばに中東情勢の主要トレンドを「シーア派の復活」だと喝破したことから、フォーリン・アフェアーズやニューヨーク・タイムズなど主要な政策専門誌や高級紙の論調にも影響を与えたと見られる。刊行されたタイミングも良かった。まさに二〇〇六年の夏にこの本が出た時、イラクの宗派対立は最高潮に達していた。中東の新たなトレンドを見越した著作を記していた「ヴィジョナリー（未来を見通す特異な能力を備えた論者）」として、ヴァリー・ナスルは評価されていく。

こうして、シーア派の台頭への脅威認識が高まる中、次章で描くレバノンの政治変動が進んだのである。

第5章　レバノン——宗派主義体制のモデル

1　レバノンという国

イラクがフセイン政権崩壊後に宗派による社会の分裂と事実上の内戦に陥っていたのと時期を同じくして、レバノンに大きな変化が生じていた。

レバノン内政については、日本では専門的なメディアを除いては、ほとんど報じられていないのではないだろうか。しかしレバノンは中東の縮図と言っていい。特に、宗教・宗派や民族・エスニシティごとに人々がコミュニティを形成し、政治的な結集や動員の単位となる「宗派主義」の政治が行われてきたという点で、レバノンは「先駆的」とも言え、ある意味でモデルとして見られてきた。

この章では、まずレバノンの「宗派主義」の政治の仕組みについて簡単に触れた上で、二〇〇五年の「レバノン杉革命」から二〇〇六年夏のイスラエルとヒズブッラーの戦争、そして二〇〇八年五月のヒズブッラーと対抗勢力間の衝突にかけて大きく動いた、レバノンの宗派主義の政治を見ていこう。

レバノンは宗派の分裂を前提とし、むしろ宗派単位で権限や利益の配分を行うことで共存を図る、特異な政治体制を築いてきた。宗派単位でコミュニティが存在し、政治的な動員や組織化が行われ、政治対立や紛争も宗派単位の社会の亀裂に沿って生じる「宗派主義」の政治が、レバノンでは公然と、正統なものとして行われている。これは建国の経緯に遡る。レバノンは、中東の少数派であるキリスト教の諸派、特にレバノンに多いキリスト教マロン派が主導する国家として成立した国である。オスマン帝国の統治はミッレトと呼ばれる宗派共同体を単位に行われた面があり、それが十九世紀の植民地主義と民族主義の勃興の過程で近代国家の核となった。

レバノンの近代国家形成は、一九二〇年にフランスが、オスマン帝国崩壊に際して、レバノンとシリアを合わせた地域を統治下に置いたところから正式に始まっている。レバノンを含むシリア地域には、第一次世界大戦中の「アラブの反乱」で、アラビア半島のメッカ、メディナを拠点とするハーシム家のファイサル一世が到来し、ダマスカスを首都とするシリア・アラブ王国の建国を図った。これは即座にフランス軍の侵攻によって阻止され、レバノンを含むシリアはフランスの植民地支配下に入った。フランスはレバノンを、カソリックに合同したマロン派が主体の国として切り分けた。フランス委任統治時代の一九三二年に行なった宗派ごとのセンサス（人口調査）によれば、キリスト教諸宗派の人口を全て合わせると、イスラーム教諸宗派を合わせた人口をわずかに上回る。一九四三年に結ばれた国民協約で、この人口構成に応じて宗派ごとに政治的権限を配分する、宗派主義の政治体制が成立した。宗派主義体制においては、大統領はマロン派、首相はスンニ派、国会議長はシーア派、といった具合に割り振られる。国民議会の議席は、キリスト教諸宗派とイスラーム教諸宗派に六対五の比率で配分されることが定められた。建国当初の取り決めではマロン派から選ばれる大統領の権限は内政・外交ともに大きく、スンニ派の首相の権限は限られており、シーア派の国会議長の権限は乏しかった。

宗派によって政治的な権力を固定して配分するレバノンの宗派主義体制は、宗派間の共存と協調をもたらすこともあれば、紛争と内戦を引き起こすことにもなった。レバノンの選挙制度では、各選挙区の議席も宗派ごとに枠が決まっており、宗派を超えた選挙連合を結ばなければ勝利できない仕組みが設計されていた。それによって、特定の人口の多い宗派が民主主義によって常に勝利し「総取り」することを回避し、恒常的に各宗派に権限が分散されるよう保証することで、特定の宗派が、制度全体を覆そうとすることを防止する。

しかしこれは同時に、不公平を恒常化することにもなる。宗派の人口構成の比率は、出生率の差や、移民率の差によって、変化していく。レバノン人は西欧や北米・南米への活発な移民活動で知られる。近年はオーストラリアなどにもレバノン系移民は多い。欧米や南米のようにキリスト教が支配的である社会に適応しやすいレバノンのキリスト教諸宗派の信徒は、高い移民率によって、国内に残る数は相対的に少なくなる。これに対して、南部などに多いシーア派は、移民率が低いだけでなく、出生率が高い。二十世紀末の段階で、レバノンの宗派ごとの人口構成が逆転し、イスラーム教徒が六割五分から七割に近くなり、その中でもシーア派が最大の人口を占める宗派になっていると見られる。これは正式なセンサスを、意図的に行わないことによって、公式には認められていないが、おそらく確実である。国内の移住による変化も大きい。南部のシーア派が首都ベイルートの南郊に移民して集住し、シーア派拠点を形作っていった。

また、一九七〇年代には、パレスチナ問題がレバノンに波及した。流入したパレスチナ難民は、多くはイスラーム教徒のスンニ派だが、これをレバノンの宗派主義体制に組み込めば、大きくバランスが崩れてしまう。

これらの社会の変化を反映して宗派主義体制を維持することは容易ではない。一九七五年から一九九〇年にかけてレバノンは、宗派ごとにまとまった派閥がそれぞれ民兵集団を形成し、地域大国や域外の超大国を引き込んで、熾烈な内戦を繰り広げた。

これを終結させたのが、サウジアラビア主導の和平仲介と、シリアの軍事力だった。一九八九年十月二十二日、サウジアラビアのターイフで開かれた会議で、レバノンの諸勢力が集まり、「ターイフ合意」を結んだ。それによって、宗派主義体制の一部が修正され、キリスト教徒とイスラーム教徒が、より対等な形で統治に参画することになった。例えば国民議会の議席のキリスト教徒とイスラーム教徒の比率は一対一となり、マロン派の大統領権限は事実上縮小され、スンニ派の首相の権限が拡大、シーア派の国民議会議長も議会招集の権限を使って一定の影響力を行使できるようになった。

ターイフ合意に反対する勢力を、軍事力によって制圧したのがシリア軍だった。一九九〇年、ターイフ合意に最後まで反対した、キリスト教マロン派の「自由愛国運動」を率いるミシェル・アウン将軍の部隊はシリア軍によって制圧され、アウンがフランスへ亡命することで、レバノン内戦は終結した。その後もシリア軍は進駐を続けて、レバノンの民兵勢力間の衝突で内戦へ後戻りすることを防ぐとともに、サウジアラビアの資金が大規模に投下されて、戦後復興の開発が進められた。一九九〇年八月のイラクによるクウェート侵攻により、米国が対イラクの包囲網を形成しようとしており、アラブ諸国の同盟国を必要としたことから、反米のシリアによるレバノンへの進駐も黙認された。

一九八九年のターイフ合意によって、長い目で見れば、レバノンがフランスの勢力圏から、アラブの地域大国・強国の勢力圏に移ったと見ることもできる。フランスが、カソリック文化を共有するマロン派を主体とする国としてレバノンを建国させた際の取り決めが、より大きな権限をキリスト教徒に恒常的に与える一九四三年の国民協約だとすれば、それを修正し、イスラーム教徒とキリスト教徒の対等の権限を定めたのがターイフ合意だったといえよう。その結果、フランスの影響力は維持されるものの、相対的に低減することになった。

ターイフ合意を仲介したのはサウジアラビアだったが、それを実施する軍事力はレバノンの隣国でレバノンを自国の一部と考えるシリアが提供した。石油資源による豊富な資金を擁するが軍事力、特に地上部隊に乏しいサウジアラビアと、資源に乏しいが軍事力を有するシリアが、親米と反米の陣営は異にすれども、利害を共にすることで成り立った、暗默の協調である。その後、サウジアラビアとシリアの協調が崩れることによって、レバノン内政はまた不安定化することになる。

ターイフ合意によって諸勢力の権限がより対等になったことで、不公平な配分は一定程度是正されたとはいえ、シーア派の不利は変わらないという問題は残った。シーア派は人口の増加が最も著しく、実質上は最大の人口を擁する勢力となっている可能性が高いにもかかわらず、大統領や首相ポストは配分されない。シーア派のさらなる権益配分の要求には一定の正当性があり、それを強く主張するヒズブッラー（シーア派の政治集団・民兵組織）の台頭は進んだ。ヒズブッラーを支援するイランの影響力も、それによって拡大していくことになる。

ターイフ合意によって議会の議席配分がより平等に配分されたことは、レバノン政治を、しばしば機能不全に追いやることにもつながった。レバノン憲法の規定により、閣僚や議会議席の三分の一を確保した勢力は、主要な政治課題に拒否権を行使できる。非主流派は、過半数は取れないまでも、三分の一を議会あるいは内閣に確保することで、それまで以上に発言権を行使できる可能性が出てきた。それにより、どの勢力も、本気になれば拒否権を行使してあらゆる重要な決定を先送りにできることになった。ヒズブッラーは、台頭する中でこの拒否権をしばしば行使し、究極の「決められない政治」に持ち込むことで、有利に交渉を行うことになった。ターイフ合意の枠組みでこうして再出発した内戦後のレバノン政治は、しかし、二〇〇五年初頭のある事件を境に、急速に転回する。

2 ブッシュ再選に沸いた民主化勢力

レバノン政治の近年の変化への、転換点はどこにあったのだろうか。ここでは、二〇〇四年十一月二日、という日付を挙げておく。これは米国でブッシュ政権が再選され、同時に行われた連邦議会選挙でも、上下両院ともに共和党が議席を伸ばして過半数を維持した日である。これは中東諸国では、社会の意識の深いところに影響を与えた。

二〇〇三年のブッシュ大統領のイラク侵攻は、内外での強い反対を押し切って実行された。戦後のイラク復興・新体制設立にも、多大な困難があることが感じ取られていた。しかしそのブッシュに、アメリカの国民は、さらに四年の任期を与え、上下両院の多数派の議席も与えた。ブッシュ大統領の一期目の二〇〇〇年の選挙は、民主党のアル・ゴア候補と最後まで競り合い、開票のやり直しが各地で行われた上での「薄氷を履《ふ》む勝利」だった。弟のジェブ・ブッシュが知事を務めていたフロリダ州での、必ずしも明朗とはいえない開票手続きにもつれ込んだ挙句の当選確定だったため、「疑惑の勝利」とすら形容することのできる、正統性に難のある大統領だった。しかし二〇〇四年十一月の選挙では、十分な票差を確保して対抗馬の民主党ジョン・ケリー候補を破り、議会の多数も確保した。

中東諸国にとっては、これはアメリカの国民がブッシュ政権の中東民主化構想に承認を与えた、ということを意味する。九・一一事件の打撃と、不評だったイラク戦争を経て、ブッシュ大統領が再選され、行政府と立法府の両方を掌握した。二期目のブッシュ大統領は、万全の内政基盤に支えられて、対テロ戦争を、そして中東諸国の非民主的な体制の打倒を、力強く進めていくだろう──これが中東諸国の多くの人々が、暗黙のうちに受け取ったメッセージだった。

これに呼応する動きが、中東各地で生じ始めた。

中東諸国、特にアラブ諸国というと、ありがちな報道や論評に従えば、米国の中東への介入に憤り、反米感情を募らせている、といった印象を受けるだろう。しかし実際には、自国の政治や社会のあり方、蔓延する不正と不正義への憤りと絶望から、米国の介入を待望する意識は根強くある。政治や社会運動を行うに際しては、欧米の政府や非政府組織の介入を引き込むことを当然としている。伝手さえあれば自身が移民するか、あるいは家族・親族を移民させ、あらゆる手段を講じて、二重国籍を確保しておくこともごく当たり前に行われている。

アラブ諸国で米国によるイラク侵攻への反発が大きかったことは確かである。しかし同時に、イラク人自身が、米国によるフセイン政権の打倒を受け入れ、新たに民主主義の制度の下で活発に政治を行い始めたことも事実である。そのことを、イラク戦争に対して反米論を繰り広げたアラブ諸国でも、認めざるを得なかった。アラブ諸国では政治・経済・社会の行き詰まりが実際には自国内の問題に由来することが、内心では理解されている。

そこから、いっそのこと米国が侵攻して自国の体制を倒してくれれば、改革ができる、という考え方も、アラブ諸国の人々が内々にはしばしば表明していたものである。それが本気であったかどうかは定かでない。

二〇〇五年一月のイラクでの、フセイン政権崩壊後の初めての選挙は、前年暮れからの選挙運動や投票啓発キャンペーンに始まり、投票から開票に至るまで、アラブ諸国に衛星放送で刻一刻と詳細に伝えられた。独裁者・一党支配の下での見せかけだけの選挙とは異なる、結社の自由に基づいて結集した諸政党の参加と競争を経た、結果をあらかじめ予想できない選挙を、アラブ諸国の人々は、占領下で行われているという点に若干の抵抗を感じながらも、目撃した。イラク以外のアラブ諸国では、自由で競争的な選挙は、ごくわずかの例外を除いて、行われていなかった。イラク人が、投票したことを示す指のインクをテレビ・カメラの前で掲げる姿を、アラブ諸国の人々は、衛星放送の画面を前にして、沈黙して見つめた。

二〇〇五年の初頭、イラクで選挙投票と開票が進み、前年十一月に再選されたブッシュ政権による民主化圧力がさらに高まることを、アラブ諸国の人々が期待と不安を持って見つめる中、レバノンで情勢が急展開していった。

3　聖ヴァレンタイン・デーの爆殺と「レバノン杉革命」

二〇〇五年の二月十四日、ちょうど「聖ヴァレンタイン・デー」に当たる日に、レバノンの首都ベイルートで大爆発が起きた。

ベイルート中心部のコルニーシュ（海岸大通り）の、年頭からのうっすらとした希望と、どこか不穏な雰囲気が漂う空気を、大爆発が切り裂いた。爆発は、レバノン政界の大立者、ラフィーク・ハリーリー前首相の車列を正確に狙ったものだった。このテロ攻撃には、大量の高性能爆薬が用いられていた。周辺の建物のガラスは全て吹き飛び、地面には巨大なクレーター状の穴が空いた。

ラフィーク・ハリーリーは、一九九〇年の内戦終結後のレバノン政治の中心人物だった。サウジアラビアとレバノンの二重国籍を持つイスラーム教スンニ派の有力者で、サウジアラビアで事業を起こして財を築いた。サウジの政治支援と資金援助を背景に内戦後のレバノン政治に打って出て、配下に養った政治勢力「未来潮流」は、スンニ派の最大派閥となった。ハリーリーは一九九二年十月―一九九八年十二月と二〇〇〇年十月―〇四年十月の二期にわたり首相を務めた。一九九〇年代と二〇〇〇年代の前半のレバノン政治のほとんど全ては、「ハリーリー時代」だった。一九八九年のターイフ合意によって、キリスト教マロン派から選出される大統領の権限が縮小され、スンニ派の首相権限が強化されたところで、長期にわたって首相ポストを占め、サウジなど湾岸諸国の資金を呼び込んで、土建・開発政治による戦後復興を推し進めた。

このハリーリーが爆殺された。強力で高度な技術を用いた爆破の手口から、国家を背景にした主体でなければ実行は不可能とされ、レバノンを占領し、軍部隊・諜報機関の人員を駐留させているシリアの関与の疑いが強まった。前年十月に、ハリーリーは、シリアのバッシャール・アサド大統領との関係が悪化、シリアの圧力により首相からの辞任を強いられていた。

ハリーリーの暗殺に対して、指導していた「未来潮流」を中核に、シリアの占領軍の撤退を求める、広範な反シリア陣営の連合が成立した。ここにはスンニ派だけでなくレバノンのさまざまな宗派が加わっており、また、それまでの競合と対立を乗り越えて多くの派閥が結集していた。暗殺事件の一週間後の二月二十一日に、シリア軍撤退を求める大規模なデモが発生し、持続して圧力をかけ続けた。倒閣勢力の結集と、大規模デモの持続に堪え兼ね、前年のハリーリー首相辞職後に据え付けられていた親シリア派のカラーミー内閣は、二月二十八日、総選挙の実施を約束して総辞職を宣言する。続く内外の圧力で、シリア軍・諜報機関は四月に撤退を余儀なくされ、五月から六月にかけて実施された総選挙でも、反シリア派が過半数を確保した。一連の動きは、アラブ・メディアだけでなく欧米の国際メディアでも大々的に伝えられ、国旗の図柄にもなっているレバノンのシンボルにちなんで「レバノン杉革命」と呼ばれた。

派閥分裂が著しいレバノンで、反シリア陣営の広範な連合が形成された背景には、一方で進駐するシリア軍・諜報機関による圧力・恫喝の下での内政干渉に嫌気がさしていた民意があるが、他方で外的要因として、二期目のブッシュ政権が強く民主化圧力を中東にかけるという見通しが広まっていたことも、影響を及ぼしていただろう。反シリアの大規模デモは、衛星放送のカメラを意識していた。アル＝ジャジーラなどアラビア語の衛星放送が発達し普及しており、刻一刻とレバノン情勢を追っただけでなく、米CNNや英BBCといった放送局が、イラクに続く、中東の内発的な民主化の先駆的事例として、「レバノン杉革命」に注目した。

4　レバノン政治の複雑怪奇

しかし、イラクと同様に、「レバノン杉革命」もまた、民主化の進展という形で終わることはなかった。「抑圧的なシリア軍が撤退し、非民主的な親シリア勢力が権力を失った」という「すっきりした」ストーリーには、ならなかったのである。むしろ、レバノンの政治変動は、レバノン固有の宗派主義体制を組み替え、その結果、ヒズブッラーを中心としたシーア派が勢力を増し、そこにシリア、そしてイランの影響力が一層強く及ぶ結果になっている。それはどのような経緯で生じたのだろうか。

まず、ハリーリー暗殺を受けた二月二十一日以降の反シリア大規模デモに対して、ヒズブッラーをはじめとした親シリア勢力も、対抗するデモを動員し、対峙していったことがある。ヒズブッラーは、三月八日に、親シリア陣営を結集した大規模デモを行い、結束を示した。動員によって親シリア陣営の総崩れを防ぎ、総選挙への票固めも行なっていった。ヒズブッラー主導の集会・デモもまた、衛星放送を通じて内外に伝えられた。カタールやサウジアラビアやアラブ首長国連邦（ＵＡＥ）などペルシア湾岸産油国の資本による（多くはレバノン人のジャーナリストを関与させた）アラビア語衛星放送の成功を受けて、ヒズブッラーも独自の衛星放送局アル＝マナールを立ち上げていた。衛星放送で流される、ヒズブッラーの指導者ハサン・ナスラッラーの煽動的な演説と、それに熱狂する強固な支持者たちの映像を取り混ぜたプロパガンダ報道は、自陣営を固め、対抗勢力を威嚇するのに十分だった。

これに対して、三月十四日、ハリーリーの息子サアドを後継の指導者に立てた「未来潮流」を中心とした反シリア陣営も、キリスト教マロン派の最大勢力である「自由愛国運動」と共に、百万人規模とも言われる大規模デモを組織した。

この後、ヒズブッラー主導の親シリア陣営は「三月八日運動」、ハリーリーの「未来潮流」と、亡命先からミシェル・アウンが率いる「自由愛国運動」の連合した反シリア陣営は「三月十四日運動」と呼ばれて、レバノン政治を二分する大連合として持続する。両者が複数の派閥を糾合して、それぞれの大衆動員組織を回転させ続けることで、街頭の大衆動員による政治は膠着状態に陥る。

民主化の進展というよりは、レバノンの宗派主義の政治が、合従連衡の組み替えや大衆動員の激化によって、むしろ強化され、対峙する中で、勢力バランスが変わっていったのである。

勢力バランスの変化は、内政から生じるものと、国際環境の変化の両方からもたらされた。

内政面では、親シリア派がヒズブッラーの強固な組織と動員力を核にして、反シリア勢力に粘り強く対抗し、議会そして内閣でも拒否権を確保したことである。「レバノン杉革命」によって親シリア派のカラーミー内閣が総辞職を迫られたものの、五月の選挙に基づいた組閣交渉は、レバノンの「決められない政治」の性質により難航した。結局、七月に、ハリーリー政権で蔵相を務めていたスィニューラを首班とする内閣が発足したが、そこにヒズブッラーも閣僚を送り込むことになった。ヒズブッラーが閣内でしばしば強硬な野党の役割を果たすことで、「レバノン杉革命」の効果は大幅に減じられた。

そして二〇〇六年二月、ヒズブッラーは起死回生の策を打った。反シリア派の代表的な存在だったミシェル・アウンと協定を結び、ヒズブッラー主導の親シリア派に寝返らせたのである。アウンの率いるキリスト教マロン派主体の「自由愛国運動」は、暗殺されたハリーリー元首相のスンニ派主体の「未来潮流」と連合して、反シリア陣営の「三月十四日運動」の中核をなし、「レバノン杉革命」の原動力だった。「自由愛国運動」の党首アウンは、一九九〇年のシリア軍の侵攻によって国を追われ、その後はフランスを拠点に反シリアの活動を行なってきた。「レバノン杉革命」によって、二〇〇五年四月末にシリア軍がレバノンから撤退すると、アウンは翌五月七日にレバノンに凱旋帰国した。続く五月の選挙でも「自由愛国運動」は躍進し、「三月十四日」陣営の中核として、スィニューラ政権に参画していた。しかしアウン将軍は、自らの地位のさらなる上昇、つまりマロン派に配分される大統領職への就任を求めて、ハリーリー派と袂を分かち、ヒズブッラーとの同盟に転じたようである。「レバノン杉革命」によっても、レバノンへのシリアの影響力を全面的には排除し得なかった。ヒズブッラーの台頭は著しい。ヒズブッラーと連携し、シリアの承認を得なければアウンが大統領に選出されることは困難であり、たとえ一時的に多数派工作を行なって就任したところで、長くその地位を（あるいは生命を）維持するとは予想し難かった。ハリーリーの暗殺と同様の、シリアの関与によるとみられる要人の暗殺が、次々と起こっていった。

同時に、国際環境も変化していた。米国の中東民主化政策は早期に限界を露呈し、ブッシュ再選で高まった、米国が民主化支援のために圧力を強めるという期待は、急速に冷めていった。大きかったのは、二〇〇六年一月に行われたパレスチナ議会の選挙で、ガザを拠点としヨルダン川西岸にも勢力を伸ばしてきたイスラーム主義運動のハマースが、アッバース大統領の出身母体「パレスチナ解放機構（ＰＬＯ）ファタハ」を抑えて、圧勝したことだろう。三月に、ハマースの幹部イスマーイール・ハニーヤを首班とする内閣が発足したが、米国はこれを認めなかった。中東を民主化すると、イスラーム過激派が権力を握る、という恐怖感が急速に広がった。米国の民主化支援政策は減速し、中東の民主化・親欧米勢力の勢いを削いだ。

5　二〇〇六年夏――レバノン戦争という転換点

アウン将軍の寝返りと、米国の民主化圧力の減退により、ハリーリー派を中心とする反シリア派連合の「三月十四日運動」が苦境に立たされ、親シリア派連合の「三月八日運動」が優勢を取り戻しつつあったところに、二〇〇六年七月から八月にかけて、イスラエル軍とヒズブッラーの戦闘が勃発した。これは「二〇〇六年のレバノン戦争」「二〇〇六年のレバノン侵攻」などと一般に呼ばれる。この戦闘はレバノンの内政バランスを一気に転換することになる。

ヒズブッラーはロケット弾・ミサイルの高度化・量産化を進めており、これに対してイスラエルは脅威認識を高めていた。ヒズブッラーの兵器開発・生産能力の向上には、イランの関与があるとイスラエルは疑っていた。

七月十二日、ヒズブッラーはレバノン南部からイスラエルへ向けてロケット砲で攻撃を行い、十一名を殺害、そして国境を侵犯し、イスラエルの偵察部隊を攻撃、三名を殺害、二名を捕虜にした。これに対してイスラエルは捕虜奪還作戦を行なったが成果を得ず、レバノン南部のヒズブッラーの支配地や、首都ベイルート南郊のヒズブッラー拠点などを標的に空爆し、レバノン全土へ軍事作戦を拡大させた。七月二十二日にはイスラエルの地上軍がレバノン領内に侵攻、レバノン国軍が中立を保つ中、レバノンという主権国家の領土内で、国家内国家を形作るヒズブッラーと、イスラエル軍が戦闘を繰り広げる事態となった。レバノン情勢の安定化のために派遣されている国連レバノン暫定軍の施設も空爆され、国連要員四名が死亡した。

二〇〇六年のレバノン戦争は、八月十四日に停戦が発効し、十月一日にイスラエル軍の撤退が行われた。兵力で大幅に上回るイスラエル軍は、ヒズブッラーの拠点に大きな打撃を与えた。ヒズブッラーのロケット弾・ミサイルによる攻撃能力は大きく削がれ、当分の間イスラエルと干戈《かんか》を交えることは不可能となった。軍事的にはイスラエルの完全勝利と言っていい。しかしアラブ諸国や中東、そして国際政治の世論戦では、ヒズブッラーは互角以上に対抗した。イスラエルによるレバノンの主権を侵害した攻撃は、ヒズブッラーによる挑発を受けたものであり、ミサイル攻撃を防止するためでもあったとは言え、国際的非難は免れなかった。

そして、ヒズブッラーの拠点を標的にしていたとはいえ、イスラエルがレバノンの領土・領空・領海内で大規模な攻撃を行い、しばしば他の勢力にも被害が及んだことで、反シリアそして反ヒズブッラーの勢力も、ヒズブッラーと足並みを揃えざるを得なくなった。二〇〇六年夏のイスラエルとの紛争を多大な犠牲を払いながら凌ぎきったことで、ヒズブッラーの威信は高揚した。ヒズブッラーはこれを背景に、二〇〇五年のシリア軍撤退以降の劣勢を挽回するだけでなく、レバノン政治で主導権を握る勢力としての地位を確保した。

二〇〇六年のレバノン戦争で高まった威信を背景にヒズブッラーはことあるごとに閣内外から政権を揺さぶった。アウン将軍の取り込みにより、閣僚や議員の三分の一による拒否権は確保している。ヒズブッラーが恒常的に動員するデモと、議会・内閣の内側からの妨害により、あらゆる国政の重要事項の決定を阻害することで、レバノン政治は長期間の「決められない政治」に突入した。そしてついに二〇〇八年五月、小規模の内戦ともいうべき武力衝突がベイルートを中心に各地で発生し、ヒズブッラーが内戦以来維持してきた民兵組織が、競合する諸勢力を制圧。和平仲介に乗り出したカタールのドーハで、二〇〇八年五月二十一日「ドーハ合意」が結ばれ、ヒズブッラーの国政への影響力がより公然と認められることになった。二〇〇九年の選挙でもヒズブッラーは勢力を維持し、二〇一六年にはアウン将軍を大統領に押し上げ、内政運営の主導権を握りつつある。一九八九年のターイフ合意により、レバノンに影響を及ぼす主要な外国勢力の地位が、フランスからサウジアラビアへと移ったとすれば、ヒズブッラーの台頭により、イランがレバノンに影響力を及ぼす新たな地域大国として台頭しているとも言える。

イラクのフセイン政権の打倒と、レバノンの「レバノン杉革命」のいずれもが、当初は民主化の期待を欧米諸国に抱かせながら、やがてはシーア派の政治的な台頭と背後でのイランの影響力の高まり、そして宗派間の対立の激化につながっていく。似通った展開が、二〇一一年に勃発した「アラブの春」の後の長い模索と混乱の過程にも、生じることになる。

第6章　「アラブの春」と「まだら状の秩序」

1　「アラブの春」がもたらしたもの

二〇一一年一月十四日、チュニジアで、前年暮れから始まっていた反政府抗議行動が、ベン・アリー政権を崩壊させた。それがエジプトに飛び火し、一月二十五日に首都カイロのタハリール広場で始まった大規模デモは、二月十一日に、ムバーラク政権を退陣に追い込んだ。チュニジアを発端とし、エジプトを強力な発信源として、アラブ諸国に変革の波が広がっていった。いわゆる「アラブの春」である。

中東を見る者にとって、あるいは少なくとも私個人にとって、「アラブの春」の進展を見つめながら、内心に浮かんだのは、長年の間、宙に浮いていた問いに、ついに答えが与えられるのか、という思いだった。

私が日々、中東の現実を見つめるようになってから、常に頭の片隅に置いてあった問いがある。中東・イスラーム世界は、近代に普遍とされてきた自由主義や民主主義へと収斂《しゅうれん》していくのだろうか？　それとも、イスラーム教の固有の規範とそれに基づく文明が、西洋近代の軛《くびき》を離れ、独自の体制を築いていくのだろうか？

　これは東西冷戦構造が崩壊し、新たな秩序が模索された、一九八九年から一九九〇年代の半ばにかけて、私が少しずつ学問の道に足を踏み入れ始めた頃から、胸に抱いていた問いである。冷戦後の世界はどうあるのか。この大きな問いかけに、二つの著作が、相反する仮説を出していた。一つはフランシス・フクヤマの『歴史の終わり』である。自由主義と民主主義は体制理念の競争で最終的に勝利した。最後に残った中東・イスラーム世界すらも、やがてはこの理念に膝を屈するのだ、とフクヤマは断言していた。もう一つの説はサミュエル・ハンチントンの『文明の衝突』である。ハンチントンによれば、世界は文化に基づく政治的アイデンティティによって分断され、複数の文明に分かたれている。西洋近代の文明に対抗する脅威となりうる文明の筆頭はイスラーム教に基づく中東の文明であり、それが儒教に基づく中国文明と連携すればさらに大きな脅威となりうる、云々。いずれの説でも、議論の成否の鍵を握るのは、あるいは解けない謎として残るのは、中東のイスラーム世界の帰趨だった。イスラーム教を支配的な宗教とする中東諸国が、今後どの方向に向かっていくのか。それは人類の将来が究極的にはどちらに向かうかの、最重要の試金石であるかのように見えた。

　それ以来、中東とイスラーム世界を見続けてきたのだが、明確な答えは出ていなかった。この間、中東諸国に自由と民主主義は、少なくとも理念としては、広まったように思われる。各地で民主化が試みられた。しかしそれらの試みは、多くは不十分なものに終わり、予想外の結果をしばしば生み出した。イスラーム教の力、特に政治への影響力は、一貫して増大し、発展し、衰えることはなかった。「アラブの春」は、ついに中東・イスラーム世界の中心地の、その内側から、自由と民主主義に向かう力強い一歩が踏み出されたかと思わせた。

しかし、現在のところ、「アラブの春」によって解き放たれた変動は、当初に期待された、自由主義と民主主義の中東における最終的な勝利へと、結びついていない。

「アラブの春」はなぜ起きたのか。重要なきっかけはメディアの変化である。衛星放送や携帯電話やインターネット、そしてソーシャル・ネットワーキング・サービス（ＳＮＳ）といった、矢継ぎ早に現われた新しいメディアによって、それまで不可能だった、社会からの政権に対する異議申し立てが可能になった。この変化にまだ各国の政権側が対応できていない一瞬の隙に、「アラブの春」は生じた。「アラブの春」による政権の揺らぎは、自由な政治の空間を短い期間、各国に開いた。それまで不可能だった自由な発言、弾圧されていた政治結社が、一気に可能になった。しかし政治活動が自由になり、政治参加が可能になったことで、各国の社会の中に深く走る亀裂の存在が露《あらわ》になった。

エジプトでは選挙をするたびにムスリム同胞団が勝利し、自らの手に権限を集中させていき、それに危機感を抱いた広範な勢力との間に決定的な分断が生じ、反発を招き、軍事クーデタとそれを礼賛する反革命デモの勃発を招いた。リビアでは、カダフィ政権崩壊後、地域主義や部族のつながりでまとまる小集団が割拠し、合従連衡を繰り返す。イエメンは合議による新体制設立を目指したものの、疎外されたフーシー派の反乱が主要地域を制圧し、隣国サウジアラビアとUAEの軍事介入をもたらした。紛争の只中にあるこれらの国々では、当分の間、自由主義や民主主義が広がる素地はなさそうである。これらの紛争を抑制する主体となりうる国々は、多くが独裁体制を維持して秩序を保っている。フクヤマの予言は、今もなお成就していない。

それではハンチントンの描いたような「文明の衝突」が生じているのだろうか。「イスラーム国」は、この世界には現在の国際秩序や人権規範と、根本的な規範理念において相容れることのない理念を掲げる主体が存在することを宣言して見せた。しかし同時に、「イスラーム国」が明らかにしたのは、イスラーム文明の一体性や明確な境界ではなく、むしろその分裂であり、幾重にも入り組んだ入れ子状の、不明瞭な境界だった。二〇一四年にイラクとシリアで台頭した「イスラーム国」に馳せ参じたのは、周辺のアラブ諸国や中東・イスラーム諸国だけでなく、人生に高次の目的や確かな規範を求め、帰属意識を求めた、西欧の若者たちだった。

そして、「イスラーム国」に対峙したのも、その敵意を向けられた米国やロシアなど中東域外の主体だけでなく、むしろ「イスラーム国」と隣り合って住む中東の現地の主体だった。「イスラーム国」よりも、「イスラーム国」に対峙する主体の多様さこそが、中東の現在の状況をより明瞭に示すものだろう。イラクやシリアの中央政府や、クルド人の諸勢力、あるいは隣国トルコやイランなど、イスラーム世界の中の主体とも、激しく対立し、衝突した。イスラーム世界が文明として一枚岩に結束することはなく、むしろ「イスラーム国」は中東やイスラーム世界の中の分裂と対立の、一つの断片であった。「文明間の衝突」よりも「文明内部の対立」が露になったのである。

2 「まだら状の秩序」の時代

「アラブの春」の後に現われたのは、どのような秩序なのか。自由・民主主義への収斂でもなく、文明間の衝突でもないのであれば、現在のところ実際に存在しているのは、何なのか。私はそれを、試みに「まだら状の秩序」と呼んでみている。一方で、欧米を起源とする国際社会のシステムや規範の価値は、中東でもかなりの程度受け入れられつつある。「アラブの春」の初期に現われた、新しいメディアを使いこなし、活発で臨機応変にネットワークを作り異議申し立ての波を広げていった若者たちが、それを示している。しかしそれは社会の広範な層、それも膨大な一般庶民の層にまでは、及んでいない。かつて植民地主義の支配からの国家の独立が悲願であり、民族主義や社会主義が人々の目的や夢であり得た時代には、アラブの諸国家は社会の裾野まで共通の帰属意識を行き渡らせ、動員することができた。しかし民族主義が色褪せ、国家が国民の行動や意識を独占的に支配できなくなり、そして国民の安全といった基礎的な希求すら満たせなくなった時、国家と民族主義の枠を外れた、さまざまなアイデンティティの核が再び活性化されてくる。

宗派主義は、中東の社会に潜在的に存在していて、「アラブの春」を契機に表面化した、細分化した帰属意識の拠りどころの「多くの中の一つ」である。中東社会は、部族、民族、地域、階層の積み重なる網の目の中で、血でつながっているか、血のつながり以上の強い紐帯を結んだ派閥が形成されている。その中で、「アラブの春」後に、人々を結びつけ、かつ分断して相互に対峙させるために政治的に最も有効だったのが、一方でスンニ派のイスラーム法の絶対的な規範を適用することを主張するイスラーム主義の組織であり、他方で「宗派」のつながりで結ばれた、異なる宗派との対抗意識や脅威認識で結集するコミュニティだった。

各国の政権の崩壊や揺らぎによって、一時的に開かれた政治的自由の空間に、イスラーム法の規範に囚われず、宗派のコミュニティの紐帯を超えた、近代的な市民的権利の獲得を目指す西洋型の民主化勢力は、確かに一時的に台頭した。しかし旧体制の打倒という一点でのみ結集したこの勢力は、新体制の形成の段階では一致することや活動を持続させることができず、社会の広範な層を動員することはできなかった。選挙や政党政治など民主的制度の導入は、自由主義や民主主義を求める上層市民社会の疎外をむしろ浮き彫りにし、社会の中に走る亀裂と分断の深さを鮮明にしていく。自由な選挙によってまず台頭したのは、ムスリム同胞団のようなイスラーム主義組織だった。選挙での相次ぐ勝利に自信を持ち妥協を忘れたムスリム同胞団という「成り上がり者」を抑え込む、エリート層の反撃が始まった。エジプトの二〇一三年のクーデタのように、軍とエリート層が結束してムスリム同胞団を排除する。それに民衆も喝采を叫ぶ。しかしイスラーム主義の台頭を抑え込むクーデタと弾圧の後には、さらに強硬な「イスラーム国」が台頭した。「イスラーム国」の正義は、一方で絶対的な真理への希求を抱く一部のムスリムを満足させるものの、そこから外れる者を排斥した。そのスンニ派のイスラーム主義による排斥の対象となったものの代表が、シーア派であり、また、イラク北部に多く、諸宗教の要素を混淆させた独自の教義を持ち、イスラーム教からの背教者とみなされるヤズィード教徒だった。「イスラーム国」の前身組織であるイラクのアル゠カーイダは、フセイン政権崩壊後、シーア派主導の政権によって疎外され周縁に追いやられたと感じたスンニ派の住民の間に支持を広めた。イラクのアル゠カーイダは、中世のイスラーム法学者の教義問答を参照し、シーア派を背教者と断定した。異端のシーア派によって支配されたイラクの新体制を、背教者による権力簒奪と断じ、それに対抗するジハードを、信仰者の義務と呼びかけた。これは、民主主義のもとで、イラクの人口の多数を占めるシーア派が、選挙を通じて恒久的に政権を掌握し続け、スンニ派は現体制が続く限り、永続的に少数派・敗者の地位に置かれかねないと恐れる、スンニ派の一部の支持を得た。また、シリアではスンニ派が人口の多数を占めながら、少数派のアラウィー派やキリスト教諸派が政権の中枢で重きをなす。少数派主体の政権が独裁的な恐怖支配により長期に権力を掌握してきたことにより、いったん政権がその地位を追われれば、少数宗派全体が迫害を受けかねないと予想し、過酷な弾圧を行う政権の下になおも結束する。これに対しスンニ派の過激な集団は、異端のアラウィー派による支配の打倒をジハードと宣伝することで、反体制派を動員しこれまた結束していった。こうして「アラブの春」は各地で宗派対立に変質した。

宗派による社会の分断は、各国に広がっていく。「アラブの春」の異議申し立ての運動が体制崩壊に至る前に収まった、サウジアラビアやバーレーンといったペルシア湾岸アラブ産油国でも、宗派による結集と、宗派間の対立は激化した。バーレーンでは多数派のシーア派を、スンニ派の王朝が支配する形になっている。サウジアラビアの多数派はスンニ派だが、一割程度のシーア派が湾岸の東部州に集住する。そこはサウジの財政の命綱であり、王政の権力の源泉である油田を抱える地域である。ペルシア湾岸地域はエネルギー資源だけではなく、同様に揮発性の高い宗派対立を抱え込んだ、中東の「火種」なのである。「アラブの春」の影響を受けて反体制運動がペルシア湾岸にも広がると、バーレーン、そしてサウジは、問題を「宗派主義化」していった。すなわち、問題は民主化でも権利要求でもなく、シーア派の異端の教説に基づいた反体制運動であり、敵国イランに内通している、という宣伝を行なったのである。宗派対立は一方で社会の低層から、他方で権力の上部から煽られていく。宗派主義は、「味方」の範囲を規定して動員するためにも、「敵」を名指すためにも、同様に都合の良い、有効な言説であることが、証明されていった。

こうして宗派主義の言説が急激に中東を支配し始めた。当分の間これは誰にも止めることはできないだろう。

3　非国家主体の台頭

宗派主義の台頭は、アラブ諸国の国家機構の不全と統治の弛緩、そしてアラブ諸国が鼓吹し、人々をどうにかまとめていたアラブ民族主義の失墜と裏合わせである。宗派だけでなく、それ以外の様々な原初的紐帯への帰属を、人々は隠さなくなる。それは自己保存を確保し安心して日々を暮らす手段であり、目的と誇りを持って生きるための手がかりとなる。宗派だけでなく、部族や民族、地域主義など、様々な紐帯に基づいた非国家主体が台頭している。

宗派主義と並行して、クルド人の民族主義が活性化し、イラクやシリアで、支配領域を確保・拡大している。「イスラーム国」の台頭で敗走したイラクの中央政府軍の後に、クルド人の民兵集団が進駐した。シリア北東部、ユーフラテス河の東の広大な領域を「イスラーム国」から奪還したのは、クルド人の民兵組織人民防衛隊（ＹＰＧ）と、それが主導して米国の支援を受けたシリア民主部隊（ＳＤＦ）だった。

また、各地の部族的な紐帯も、以前にも増して強化されている場合がある。シーア派とスンニ派の宗派主義もまた、一皮むけばその奥底には、擬似的・地縁的なものを含んだ、部族主義への回帰があり、部族の紐帯と重なり合った、宗派コミュニティの重要性が増しているのである。

血族や部族、民族、そして宗派へのつながりは、再強化されて、国民社会を内部から分裂させる。しかしそれは状況次第で主権国家の国境を横断する新たな結束をもたらす。イラクとシリアの国境を横断する地域に、スンニ派のイスラーム主義を掲げた「イスラーム国」は一時支配領域を築いた。イランはシーア派のネットワークを基盤にイラクからシリアを通じレバノンに至る勢力圏を確保している。イランによって育てられたレバノンのヒズブッラーは、イランと協調してシリア内戦に介入し、独自の勢力範囲を確保している。イランの支援の手はイエメンのフーシー派にも伸びているとサウジアラビアは疑う。イラク、シリア、リビア、イエメンにおける国民国家の枠組みの弱まりは、民兵組織による割拠をもたらすと共に、それぞれの民兵組織を支援する地域大国や域外の大国の介入を引き入れて、紛争は国際化している。国境を横断し、国際的な支援を受けた非国家主体が様々に存立する状況において、内戦と地域紛争、正統な国内の主体の活動と不当な国外からの介入との間を分ける線は、不分明を極める。

少なくとも当面の間は、このような「まだら状の秩序」を、中東の新たな現実として認めざるを得ないのではないだろうか。これほどの混乱が伝えられながらも、現実の中東諸国の社会は、完全に秩序が失われた世界ではない。一方でなおも自由主義や民主主義を究極の価値として国家と社会を形成し、国際社会の一員であり続けようとする主体も、中東には根強く存在している。ただしそのような勢力は、それぞれの国の国境線の範囲内を隅々まで均質に覆ってはいない。そこに、民族や宗派、あるいは部族、そして「イスラーム国」のような、異なる理念と帰属意識の拠りどころを持つ主体が、まだら状に分布し、それぞれの勢力範囲で、異論のあるやり方ながら、一定の秩序を形成する役割を果たしている。ただしそれらは互いに相容れない理念や帰属意識に基づくため、周囲との紛争も恒常的に発生させることになる。こうして、一見して秩序が失われた領域、あるいは対抗する理念と帰属意識がせめぎ合って頻繁に紛争が生じる領域が、各地に斑点のように複数現われてくる。最盛期の「イスラーム国」のように、あるいはシリアで勢力を拡張したクルド勢力のように、それらは結合してアメーバ状に広がっていく。イラクとシリアとレバノンを横断して広がるイランの勢力範囲もまた、明確な境界によって画された面積を支配するのではなく、協力者・同盟者のネットワークを伝ってアメーバ状に広がっていく。紛争の前線は定かでなく、秩序と無秩序、あるいは対抗する「反秩序」との境界が随所に、無限に長く存在する、予測不可能性と不確実性が高まる世界である。

4　地域大国の台頭と「拒否権パワー」

中東に「まだら状の秩序」が広がる背景の一つには、米国の中東からの撤退の趨勢がある。オバマ政権（二〇〇九―二〇一七）からトランプ政権（二〇一七―）にかけて、米国は、中東における単独の覇権国として秩序形成を主導する役割を、徐々に手放しつつある。二〇一三年八月のシリア・アサド政権による化学兵器使用が断定され、オバマ自身が設定した「レッドライン」が踏み越されたにもかかわらず、一度は宣言した軍事介入を踏みとどまったこと、また、二〇一五年のイラン核合意で、イスラエルやサウジアラビアなど米同盟国の不満をよそにイランに歩み寄る姿勢を見せたことにより、米国の覇権の希薄化が進む。その権力の真空に、現在は「まだら状の秩序」が広がりつつあるが、トランプ政権の関与は不安定・不透明であり、これは近隣諸国にとって由々しき事態である。国家と国境をどうにか維持している中東の諸国にとっては、イラクやシリア、イエメンやリビアなどの混乱が自国の内部に及んだり、テロや難民を絶えず流出させることも、反体制勢力の活動拠点になることも、望ましくない。「まだら状の秩序」の中の予測不可能性と不確実性を、可能な限り縮減していくことが、周辺諸国にとって死活的な課題となる。このような、「まだら状の秩序」の拡大を防ぎ、押さえ込んで行く活動の主体となる国として、イラン、トルコ、サウジアラビアのような地域大国およびロシアのような隣接する地域に位置する大国の役割が、再認識されつつある。しかし、これらの国々のいずれも、米国に代わって中東の秩序を保つ覇権国としては不十分だろう。域内・周辺大国間の勢力の均衡の到達点も、まだ見出されていない。

これらの地域大国や、隣接地域の大国は、中東に自らの望まない秩序が形成されることを妨げる「拒否権」を持っている。あたかも国連安全保障理事会で五常任理事国の有する拒否権のように、一国でも反対すると中東の紛争解決を先送りする力を持っているのである。これを「拒否権パワー」あるいは「拒否権大国」と呼んでみてもいいだろう。複数の地域大国が、いずれも覇権国として中東地域に安定化と秩序の形成をもたらす役割を負わず、それぞれの譲れない事項への拒否権だけを行使する「拒否権パワー」と化すことで、中東の「まだら状の秩序」の混乱は、長期的に持続しかねない。それぞれの「拒否権パワー」は、中東における様々な紛争が、自らの死活的な利益を損なう容認しがたい形で収拾され解決することを拒否する手段を確保し、それを行使する、あるいは行使すると威嚇することで、事態の解決を先延ばしにする。

「拒否権パワー」の例を挙げよう。米国は、シリアとイラクで、「イスラーム国」やその他のジハード主義勢力が再び力を取り戻すことだけは阻止するが、それ以外の問題に関しては、米国民の負担は極力回避しようとする。シリアのアサド政権の化学兵器使用といった、国際世論あるいは米国の世論の関心を惹く象徴的な問題に対しては、精密誘導爆弾による空爆といった、顕示的でかつ限定的な武力行使を行なって威信を守ろうとするが、それはシリア内戦の終結にも、人道状況の改善にもほとんど繋がらない。これがトランプ政権の「アメリカ・ファースト」の基本原則に沿った中東政策だろう。ロシアは、シリアで外部の支援による政権転覆が起こることを拒否する。また、ロシアに敵対するジハード勢力がシリアを聖域とするような事態を招きかねない、いかなる解決策も拒否する。それによってシリア内戦が永続したとしても、親ロシアの政権がいる限りは、ロシアの国益を害しない。イランは、数少ない同盟勢力であるシリアのアサド政権とレバノンのヒズブッラーの敗北を、あらゆる手段を講じて避けようとする。サウジアラビアは、イラクやシリアやアラビア半島にイランの影響力が伸張・拡大するような形でのシリア内戦の解決やイラクの紛争の収拾を、拒否する。トルコは、シリアでクルド民族主義が領域支配を固定化し自治を法的にも認められることが、トルコ国内でのクルディスターン労働者党（PKK）の活動の再活性化に繋がることを阻止するために、軍事介入を進めている。またトルコは、イラク北部で自治を進めるクルディスターン地域政府（KRG）と戦略的に友好関係を結んできたものの、KRGが正式に独立に踏み切り国際的承認を得ることはイラク中央政府やイランと協調してでも阻止しようとする。エジプトのスィースィー政権は、自らがクーデタで放逐したムスリム同胞団が、権力を奪取し勢力を回復する拠点を形成することを妨げるために、サウジアラビアやUAEとの関係を深め、ムスリム同胞団と関係の深いカタールに対する包囲網に加わる。イスラエルは、シリアとレバノンに自国を脅かす勢力の軍事拠点が設置されることを、あらゆる手段を用いて阻止しようとする。その視線の先にはシーア派の台頭と、そこで伸張し覇権を窺うイランの姿が常にある。域外の勢力の関心では、例えば欧州連合（EU）は、人権や民主化の推進を理念として掲げ、シリアのアサド政権の退陣を求め、トルコの権威主義化・人権侵害を批判しているものの、より根本的な関心事は、中東を発信源とするテロリズムや難民が西欧に及ぶのを阻止することである。そのための防波堤、あるいは「ダム」として機能する限りは、厳しく批判しているトルコのエルドアン政権と水面下では手を結び、非難し退陣を要求してきたシリアのアサド政権の存続も、事実上黙認するのである。

このように、中東の紛争や問題について、関与する内外の大国・勢力のそれぞれが、特定の譲れない問題に関する拒否権を持っており、その拒否権を押し通すための手がかりを、現地に確保している。これらの地域大国・周辺大国や域外の超大国は、中東の「まだら状の秩序」の拡大を封じ込め、問題を解決する主体となりうる存在であり、そうならなければならないはずだが、現実には、複数の異なる「拒否権パワー」が並存し、競って介入することで、外部の勢力も中東の問題の一部となり、中東の混乱を永続化させる主体となっている。シリアやイラクやイエメンやリビアの紛争は、終わりが見えない。

あとがき

「中東大混迷を解く」と冠したシリーズの第一作『サイクス＝ピコ協定 百年の呪縛』を書き終えてから、二年の月日が流れた。その間の中東情勢の変動の激しさと速さは、まさに「大混迷」と言うしかなかった。目の前に起こる、しばしば驚天動地と言ってもいいような変化を追い、背景にあるものに目を凝らしているうちに、あっという間に時間は経っていった。ようやくここに、約束したシリーズ第二弾を読者に届けられることに、ひとまず安堵している。

『サイクス＝ピコ協定 百年の呪縛』が、現代の中東の国家と社会の成り立ちを、その出発点の出来事であるオスマン帝国の崩壊に遡って考えたのに対して、本書『シーア派とスンニ派』は、オスマン帝国の崩壊後に現われた諸国家の内部にある様々な断層や、諸国家を横断した繋がりをもたらす帰属意識、中でも近年に注目される宗派の繋がり・結びつきに焦点を当てた、ということになる。

この本が筆者の手を離れてからも、中東の情勢は変転を続けることが予想される。直近では、この本が読者の手に届くまでの間にも、本書で取り上げた二つの国で国政選挙が行われる。まず二〇一八年五月六日にはレバノンで、本書で扱った宗派間バランスの揺らぎにより紛争が続き延び延びになっていた国民議会選挙の投票が、九年ぶりに行われる。イラン陣営の先兵ともいうべき「三月八日運動」の伸長を、「三月十四日運動」とその背後のサウジアラビアが食い止められるのか。いずれにせよ長期化しそうな選挙後の交渉でどのような「番狂わせ」があるか。中東政治の縮図というべきレバノン政治への関心が高まるだろう。五月十二日投票のイラク国民議会選挙では、イラク戦争以来定着したシーア派優位の趨勢は変わらないだろうが、宗派と民族による国家分裂の危機を依然として抱えたイラク政治が、どう中央政府に求心力を取り戻すかは、選挙後の政権の構成のされ方によって大いに左右される。分裂や内戦と隣り合わせの薄氷の政治運営を誰が担うのか。どの国が支えるのか。ここにもイランの一層の関与と、それを警戒するサウジアラビアの対抗措置が見え隠れする。クルド人問題をめぐって譲れない一線を死守しようとするトルコの動きも見逃せない。

本書の読者は、これらの国の政治が、単に選挙の投票結果のみによっては決まらず、選挙を通じて表出された社会の分断を、諸勢力が競合と協調の末に辛うじて乗り越えていくプロセスこそが現在の中東諸国の政治の核であることを、既に知っているだろう。選挙後に、宗派集団を中心にした諸勢力・諸派閥の合従連衡の工作が続き、なんらかの新たな均衡が達成されるまで、長い期間をかけた困難な交渉が行われることが予想される。それはいつ武力紛争に陥り、近隣諸国・地域大国の介入を招かないとも限らない、緊張に満ちたプロセスである。本書の読者がこの本を手にしながら日々伝わるニュースに注目していただければ幸いである。

この本を書き終えようとしているうちにもまた新しい展開が伝えられた。トルコのエルドアン大統領は二〇一九年に予定されていた大統領選挙と総選挙を前倒しにし、二〇一八年六月二十四日に投票を行うという。エルドアン率いる与党・公正発展党（ＡＫＰ）が勝利すれば、エルドアン大統領への権力の集中や、オスマン帝国の復活を目指すかのような野心的な対外介入政策は承認されたとみなされ、一層強く推進されていくだろう。

地域大国の役割が拡大し、宗派や民族や部族の様々なアイデンティティで分裂する中東地域を再編する過程は、始まったばかりである。来《きた》るべき更なる変化を見逃さないよう、注目していきたい。「中東大混迷を解く」シリーズも緒《ちょ》に就いたばかりである。再び読者にお会いできることを楽しみにしている。

新潮選書

【中東大混迷《ちゅうとうだいこんめい》を解《と》く】
シーア派《は》とスンニ派《は》

著　者………………池内《いけうち》 恵《さとし》

発　行………………2018年5月25日
4　刷………………2023年11月10日

発行者………………佐藤隆信
発行所………………株式会社新潮社
〒162-8711　東京都新宿区矢来町71
電話　編集部 03-3266-5611
　　　読者係 03-3266-5111
https://www.shinchosha.co.jp
印刷所………………大日本印刷株式会社
製本所………………株式会社大進堂

乱丁・落丁本は、ご面倒ですが小社読者係宛お送り下さい。送料小社負担にてお取替えいたします。
価格はカバーに表示してあります。

ISBN978-4-10-603825-9 C0331